JN085610

ソーイングは
なんて楽しい!

やさしい 自分サイズの
服作りガイド

トップス／スカート／パンツ

津田蘭子

文化出版局

作り方は自己流です

洋裁を習ったのは、小・中・高の家庭科のみ。
専門的に服飾を学んだことはない、シロウトです。
そんな私にとっての洋裁の先生は、書店に並んだ洋裁本とネットの情報でした。
そこから、自分なりに作り方を研究し、自己流の服作りを模索し続けています。
もしかしたら、「私が習った作り方と違う！」と感じるかたもいるかもしれませんが、
なにとぞご容赦を。
しばし、蘭子流の服作りにおつき合いください。

パターンから自分サイズで作ります

本を手にして巻末を開き、
「あれ？パターンはどこ？」なんて声が聞こえてきそうですが、
すみません、パターンはついていません。
この本はパターンからご自身で作っていただきます。
でも大丈夫。
やさしい服作りガイドなので、製図のための特別な道具も難しい計算もありません。
それでも自分のサイズで、パターンを作れてしまうんです。
ぜひ工作感覚で、パターン作りを楽しんでください。
そして、自分サイズの洋服の、着心地のよさを味わってください。

アレンジで広がるバリエーション

ここで紹介する服はアイテムごとに基本となるパターンを作ったら、
それをアレンジしてバリエーションをつけています。
1つの形をベースに、何かを足したり引いたりすることで
違うデザインになるのが服作りのおもしろいところ。
手作り服100％の私のワードローブも、いくつかのパターンをもとに
バリエーションを増やして構成されています。
基本のパターンを作ることができれば、アイディアしだいで
オリジナルの服作りも夢じゃない！
もし興味がわいたら、作り方ページをヒントに、
あなただけのオリジナルにも挑戦してみてください。

完成がゴールにあらず。着てみましょう！

服ができ上がったら、実際に着て出かけましょう！
着てみて初めて、「こうしたほうがよかったかな」と思うことも多いものです。
例えば、スカートやパンツの丈、衿ぐりや袖ぐりの大きさなどなど。
少しずつマイナーチェンジを繰り返すことで、
あなたにとってベストな一着ができ上がります。
この本では、私なりのコーディネートもいろいろと紹介しています。
もちろん、服とバッグはすべて手作り。最近は、靴作りにもハマっています。
作るって、ホント楽しい！

津田蘭子

Contents

A-3 衿つき前あきブラウス
how to make ⟶ p.29

p.8 / 28
角衿タイプ

p.7 / 50
丸衿タイプ

A-4 ポケットつきAラインワンピース
how to make ⟶ p.35

p.8 / 9 / 34
チュニック丈

p.9 / 51
ロング丈

B-3 14タックスカート
how to make ⟶ p.66

p.9 / 65
柄タイプ

p.8 / 10 / 70
無地タイプ

A-5 リバーシブルジャケット
how to make ⟶ p.41

p.10 / 11 / 40
ノーマル丈

p.10 / 11 / 52
ショート丈

C-3 ガウチョ
how to make ⟶ p.87

p.6 / 86
無地タイプ

p.9 / 100
柄タイプ

C-4 コンビネゾン
how to make ⟶ p.90

p.89
ワイドパンツタイプ

p.8 / 11 / 101
ガウチョタイプ

手作り服でコーディネート

simple
coordination

A-1 & B-1

「近所の
アイスクリーム屋さんへ」

目移りするたくさんの種類のフレ
ーバーを、毎日日替りで制覇する
と誓う。あとは、コーンにするか
カップにするか、それが問題だ。

A-2 & C-3

「高原リゾートで
リフレッシュ」

都会の喧騒を離れて、森林浴で心と
体をいやしましょ。リゾートでは美
術館巡りも楽しみ。歩き疲れたら、
おいしい料理と温泉が待っている！

A-1 & B-1

「ちょっと郵便局に
行ってくる」

買い物ついでに出そうと思ったハ
ガキが、家に帰ってから発見……。
改めて郵便局に出かけることにな
るのです。やれやれ。

A-1 & C-1

「ドライブに連れてって」

行き先なんて、どこでもいいの。
ハンドルを握るあなたを横目に、
助手席で居眠りするのが何よりも
至福の時間なのです。

A-3 & B-2

「初めまして、の打合せ」

クライアントと初顔合せのミーテ
ィングは、ちょっと優等生を装っ
て。猫をかぶるのは得意なんです。
猫好きなので。

relaxing coordination

A-4 & B-3

「友人を招いて
おうちパーティ」

凝った料理を作らなくても、手巻き寿司とビールがあれば何とかなる。あとは友人の手土産に期待して。おなかが膨れたら、人生ゲームで盛り上がろっと！

A-3 & C-4

「インテリアショップ巡り」

時間を見つけては、家具や雑貨を見て回るのが趣味。特に、ビンテージは一期一会。買うか買わないかの判断は、いつも真剣勝負です。

A-4 & C-2

「友達とランチ、のはずが」

公園の中にある、ピッツェリアまでぶらぶら歩こう。話に夢中で、店を通りすぎたり戻ったり。おかげで今日の目標歩数を達成できました。

A-4 & B-3

「ファーマーズ マーケットで買い物」

顔見知りの農家さんが開くマルシェには、無農薬で自然栽培の野菜が並ぶ。大きさも形も、かなり個性的。自然の爆発した芸術センスにうなります。

A-2 & C-3

「近所のカフェでお仕事 day」

ノートパソコンを片手に、ノマドを気どってミルクティーをすする。1時間が過ぎたけれど、SNSとネットショッピングしかしていない……。

9

jacket
coordination

A-5 & B-3

「冬の訪れを
感じながらお散歩」

目的なく歩く散歩が、実は苦手。
「ちょっと遠くのパン屋さんで、
サンドイッチを買うぞ」というモ
チベーションで歩き始めるのです。

A-5 & C-2

「紅葉狩りで味わう秋」

新宿御苑のでっかいイチョウが鮮
やかな黄色に色づくのを、毎年心
待ちにしている。帰りに食べる、
追分だんごはもっと楽しみ。

A-5 & C-4

「春はだんごよりお花見」

お花見は、宴会よりもそぞろ歩きで
桜を楽しみたい。せっかくきれい
に咲いているんです。じっくり目
に焼きつけたいじゃありませんか。

A-5 & C-1

「いざ！年末バーゲンへ」

うれし楽しいバーゲンシーズン。
もちろん、私が買うのは服ではな
く、布や細々した材料。日暮里繊
維街と手芸店が戦いの場です。

頭が入るサイズ
を 知る

トップス、スカート、パンツの
三つの基本アイテムをもとに、
少しずつ手を加えてバリエーションを増やしましょう。
はじめの一歩は、いちばんシンプルな基本のABC！

頭からスポッとかぶって着る、シンプルなあきのないブラウス。
スカートやパンツは、らくらくウエストゴム仕様。
難しいテクニックやまどろっこしい工程はありません。
それでも自分サイズの服は、
きっとあなたの体をキレイに見せてくれるはずです。

好みの
スカート丈
をみつける

まずは、自分サイズを知ることからはじめましょう。
バスト、ウエスト、ヒップ。
「ウソでしょ！そんなはずはない！」という声が
聞こえてきそうです。
実際、私のSNSなどでも、そういうコメントを
いただくことがあります。

よく目にしているグラビアモデルのサイズと比べることなかれ！
自分サイズを受け入れて素直に製図することで、
自分サイズの服が作れます。

でき上がった服を着てみてください。
ほらね、モデルサイズじゃなくたって、
あなたは素敵なのです。

好みの
パンツ丈
を楽しむ

A トップスの作り方

身頃続きの袖のフレンチスリーブを
長めにした半袖風ブラウス。
この、前後身頃だけの
プレーンなパターンから
袖つきや衿つきのブラウス、
ワンピース、ジャケットへと、
どんどんアレンジしてみましょう!
ちょっとずつステップアップしていって、
気づいたらオールシーズンの
手作り服ができちゃいます。

Aの基本アイテム

A-1
半袖風ブラウス
how to make → page 16

前後2枚のパターンで作るブラウス。
半袖に見えながら、
袖つけという手間を省いているので
時短で作れるアイテムなのです。
衿ぐりは頭が入るサイズに。形がシンプルだから、
布は小紋柄のプロヴァンスプリントでニュアンスを。

パターン作り

1.
後ろ身頃の
パターンから
かく

① 採寸したサイズを
もとに図形をかく
（採寸のしかた→p.106）

首のつけ根〜おしりの真ん中

（バストサイズ＋15）÷4
ゆとり

10

2

5

衿ぐり線　肩線

自然なカーブを
かく

② 衿ぐり線と肩線を
かく

肩線

袖口線

15

S→15
M→18
L→21

袖口サイズの目安だよ！
私は18cmにしています

③ 肩線を15cmのばし、
袖口線をかく

袖口サイズは小さすぎると動きづらく、大き
すぎると服の中が見えてしまうので注意しま
す。S、M、Lのサイズを目安に、自分に合う
大きさにします。

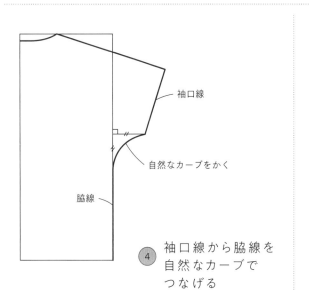

袖口線

自然なカーブをかく

脇線

④ 袖口線から脇線を
自然なカーブで
つなげる

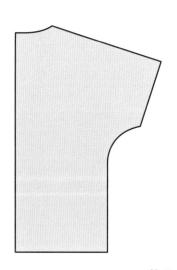

後ろ身頃完成

2. 前身頃のパターンは後ろ身頃をもとにかく

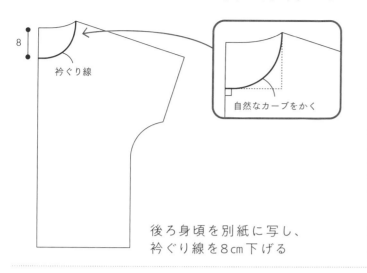

衿ぐり線

8

自然なカーブをかく

後ろ身頃を別紙に写し、
衿ぐり線を8cm下げる

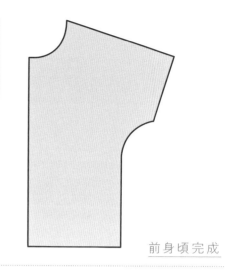

前身頃完成

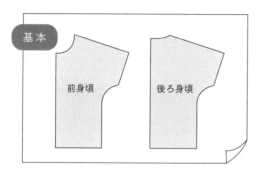

基本

前身頃　　後ろ身頃

これが自分サイズのトップスの基本になります。アレンジするときはこれをもとに作るので、パターンとして切り抜いていない前身頃と後ろ身頃を作っておくと便利です。

作る前に確認しよう

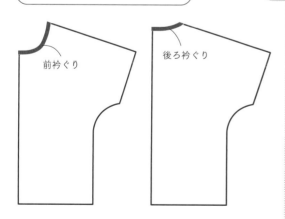

前衿ぐり　　　　後ろ衿ぐり

（前衿ぐり＋後ろ衿ぐり）×2
が頭回りよりも
大きいことを確認する

頭が入らないと
困るからね

頭が入らなさそうなら
衿ぐりを広げよう！

基本をもとに
衿ぐりを広げるアレンジ

p.48は
縦3cm、
横2cm
広げました

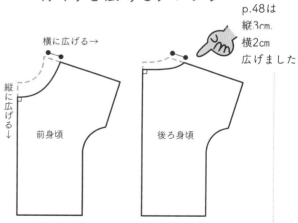

横に広げる→

縦に広げる↓

前身頃　　　　後ろ身頃

横に広げる場合、
前後の身頃を同じ分量広げる

頭が入らない場合、「あきを作る」という方法も！　→p.25へ

Aトップスの作り方

3. 縫い代をつける

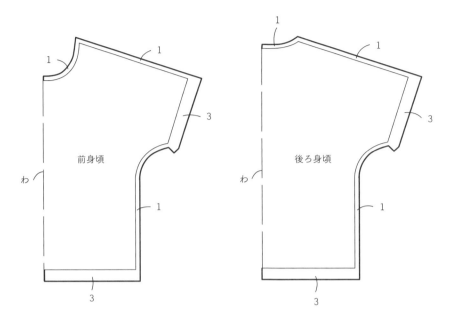

袖口と裾は3cm、他は1cmの縫い代をつける。
中心線は「わ」になるので縫い代不要

POINT　袖口の縫い代のつけ方

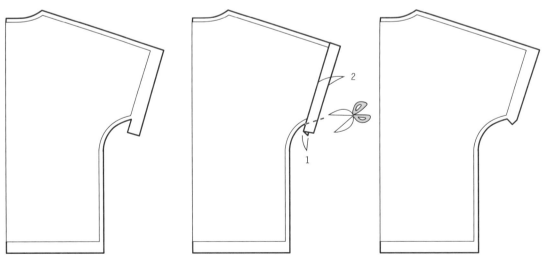

① 縫い代を多めに残しておく

② 1cm＋2cmの三つ折りにして
袖下のラインでカットする

③ こうしておくと縫製のときに
「縫い代が足りない！」とい
う悲劇は起こらない

裁合せ図

たった3つの パーツで
半袖風の トップスが
作れちゃう!

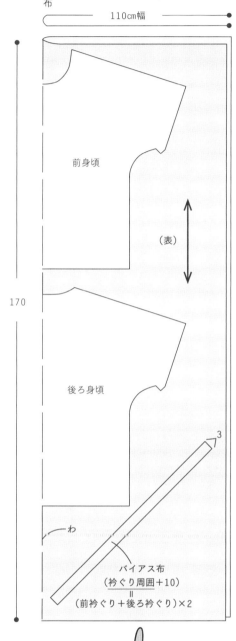

布

110cm幅

170

前身頃

(表)

後ろ身頃

わ

バイアス布
(衿ぐり周囲＋10)
＝
(前衿ぐり＋後衿ぐり)×2

バイアス布をとる
ことを忘れずに!
作り方→p.109

図はバスト85cm、着丈60cmで作る場合の参考例
パーツ
前身頃×1
後ろ身頃×1
バイアス布×1

縫い方　1. 肩を縫う

後ろ身頃(表)

前身頃(裏)

① 前身頃と後ろ身頃を中表に合わせて、
肩を縫い代1cmで縫い、縫い代を始末

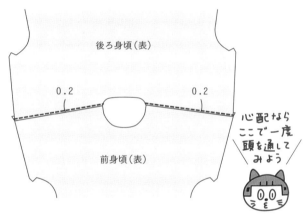

後ろ身頃(表)

0.2　　0.2

前身頃(表)

心配なら
ここで一度
頭を通して
みよう

② 縫い代を後ろ身頃側へ倒して表に返し、
肩線から0.2cmのところを縫う
(縫い代の安定と補強のため)

2. 衿ぐりを始末する

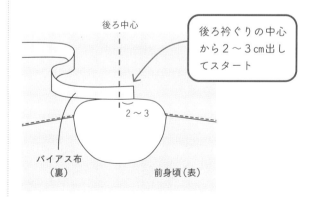

後ろ中心

後ろ衿ぐりの中心
から2～3cm出し
てスタート

2～3

バイアス布
(裏)

前身頃(表)

① バイアス布を中表で身頃の衿ぐりに
まち針でとめていく

Ａトップスの作り方　　19

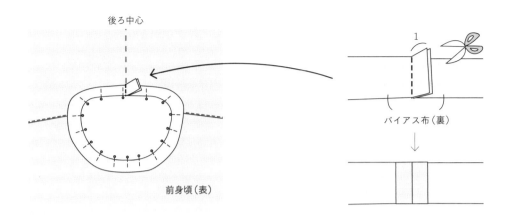

後ろ中心

バイアス布(裏)

② 1周ぐるっととめたら、後ろ衿ぐりの中心で
バイアス布どうしを縫い合わせる。
バイアス布がダブつかないよう注意

③ バイアス布を縫い目から1cmのところで
カットし、縫い代を割る

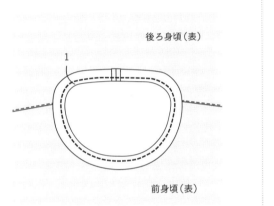

後ろ身頃(表)

前身頃(表)

④ 衿ぐりを縫い代1cmで縫う

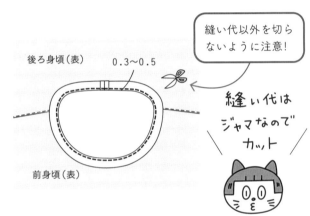

後ろ身頃(表)

0.3~0.5

前身頃(表)

縫い代以外を切ら
ないように注意!

縫い代は
ジャマなので
カット

⑤ 縫い代を縫い目から
0.3~0.5cm残してカットする

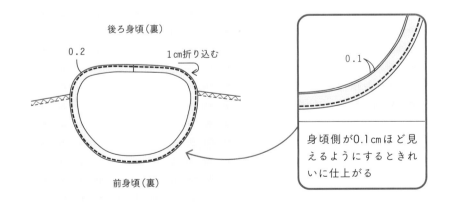

後ろ身頃(裏)

0.2

1cm折り込む

前身頃(裏)

0.1

身頃側が0.1cmほど見
えるようにするときれ
いに仕上がる

⑥ バイアス布を裏側に折り返し、1cm折り込んで
折り目から0.2cmのところを縫う

3. 袖口に折り目をつける

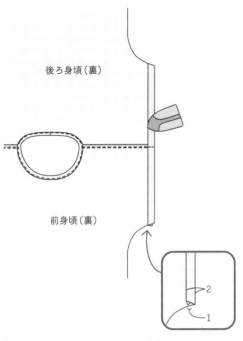

後ろ身頃(裏)

前身頃(裏)

袖口を1cm＋2cmの三つ折りにして
アイロンをかけておく（まだ縫わない）。
反対側も同様に

4. 脇を縫う

後ろ身頃(表)

前身頃(裏)

1　　1

折り目

この部分は三つ折
りの中に入るので
縫い代の始末はし
なくてOK

前身頃と後ろ身頃を中表に合わせて、
脇を縫い代1cmで縫い、縫い代を始末する

5. 袖口を縫う

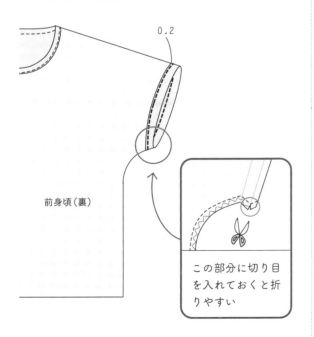

0.2

前身頃(裏)

この部分に切り目
を入れておくと折
りやすい

袖口を折り目どおりに三つ折りにして
折り目から0.2cmのところを縫う。
反対側も同様に

6. 裾を縫う

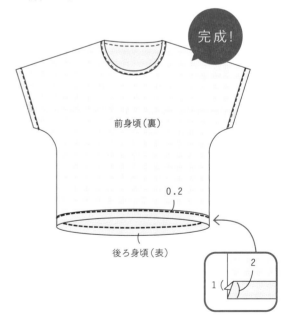

完成!

前身頃(裏)

0.2

後ろ身頃(表)

2
1

裾を1cm＋2cmの三つ折りにして
折り目から0.2cmのところを縫う

A のバリエーション

A-2

スラッシュあき
袖つきブラウス

（後ろあき長袖）

how to make → page 23

袖つけは難しいと思っているあなた！
これは、パターン作りも縫製もあっという間です。
あまりに袖つけが簡単なので、
衿ぐりにあきを作るアレンジもしてみました。
衿ぐりを小さくしたいときや、
アクセントをつけたいときに使えるテクニックです。
光沢感のあるコットン地で、きれいめな印象に。

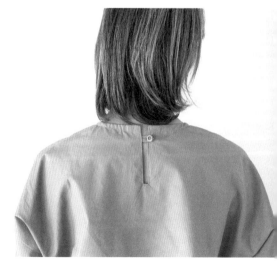

パターン作り

2

2 (

肩線

基本の衿ぐり線

中心線   基本前身頃

袖つけ線

1 (

2

肩線

基本の衿ぐり線

中心線   基本後ろ身頃

袖つけ線

基本の袖口線は
袖つけ線になるよ

① 基本の前身頃、
後ろ身頃のパターン
（→p.16〜17）を使って、
肩線と中心線をのばして
衿ぐりを小さくする

ゆき丈

肩線

中心線

①の前身頃

袖丈

② ①の前身頃を使って
袖丈を割り出す

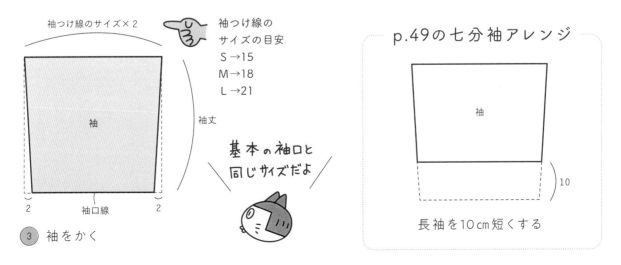

袖つけ線のサイズ×2

袖

2   袖口線   2

③ 袖をかく

袖つけ線の
サイズの目安
S →15
M →18
L →21

袖丈

基本の袖口と
同じサイズだよ

p.49の七分袖アレンジ

袖

10

長袖を10cm短くする

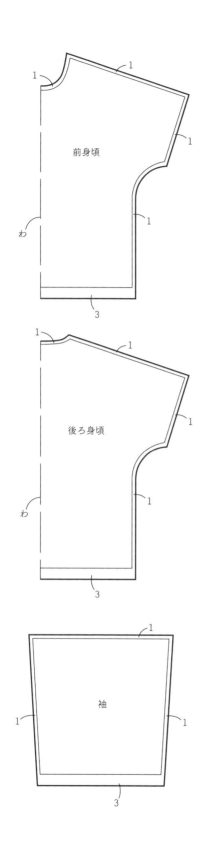

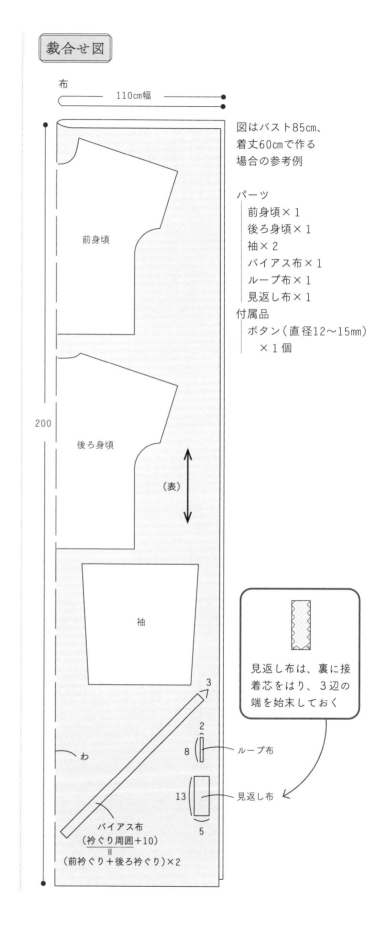

前身頃

後ろ身頃

袖

わ

布

110cm幅

図はバスト85cm、
着丈60cmで作る
場合の参考例

パーツ
　前身頃×1
　後ろ身頃×1
　袖×2
　バイアス布×1
　ループ布×1
　見返し布×1
付属品
　ボタン（直径12〜15mm）
　　×1個

200

（表）

袖

わ

3

2

8

ループ布

13

見返し布

5

バイアス布
（衿ぐり周囲＋10）
＝
（前衿ぐり＋後ろ衿ぐり）×2

見返し布は、裏に接
着芯をはり、3辺の
端を始末しておく

④ 裾と袖口に3cm、
他は1cmの縫い代をつける。
「わ」の部分は縫い代不要

1. ボタンループを作る

1 (﹀ ﹀
0.5
ループ布（表）

① 外表で半分に折る

② 片側をさらに半分に折る

③ ②で折った側にかぶせて折る

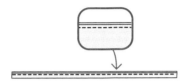

④ 一度広げて折り目を内側へ入れる。こうすると少しだけ段差ができる

⑤ 折り目ギリギリを縫う

縫い目を落とさずにボタンループが縫えるよ

2. あきを作る

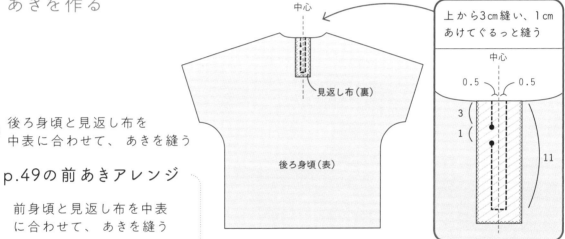

中心
見返し布（裏）
後ろ身頃（表）

上から3cm縫い、1cmあけてぐるっと縫う
中心
0.5　0.5
3 (
1 (
11

① 後ろ身頃と見返し布を中表に合わせて、あきを縫う

p.49の前あきアレンジ

前身頃と見返し布を中表に合わせて、あきを縫う

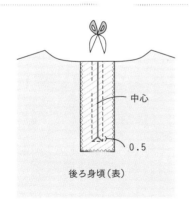

中心
後ろ身頃（表）
0.5

② 縫い目の内側に切込みを入れる（縫い目を切らないように注意する）

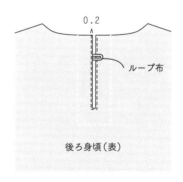

0.2
ループ布
後ろ身頃（表）

③ 見返し布を身頃の裏側に返し、①で縫い残した穴にループ布を二つ折りにして差し込む。使うボタンに合わせてループ布の長さを調整し、あきの周囲をぐるっと縫う

3. 肩を縫う（基本と同じ→p.19）

4. 衿ぐりを始末する

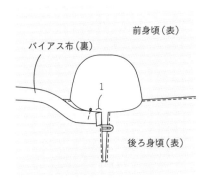

① バイアス布の端を1cm折り、
中表で衿ぐりにまち針でとめていく

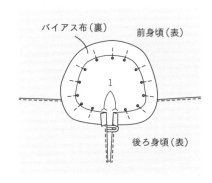

② 1周とめたら最後も折り、
1cm残して余分をカットする

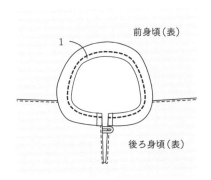

③ 縫い代1cmで縫う

④ 縫い代を0.3〜0.5cm残して
カットする（基本と同じ→p.20 ⑤）

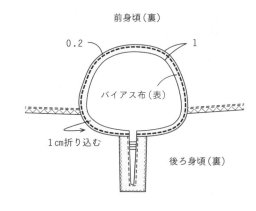

⑤ バイアス布を裏側に折り返し、1cm折り
込んで折り目から0.2cmのところを縫う

5. 袖をつける

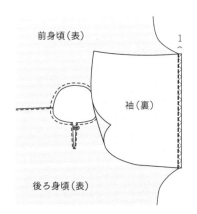

① 身頃と袖を中表に合わせて
縫い代1cmで縫い、縫い代を始末する

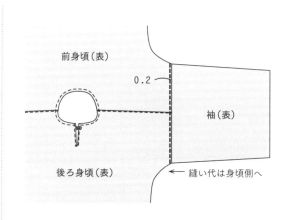

② 袖を開いて縫い代を身頃側へ倒し、
折り目から0.2cmのところを縫う。
反対側も ①、② と同様に

6. 袖下から脇を縫う

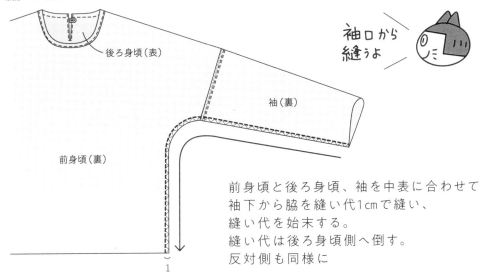

袖口から縫うよ

後ろ身頃(表)

袖(裏)

前身頃(裏)

1

前身頃と後ろ身頃、袖を中表に合わせて
袖下から脇を縫い代1cmで縫い、
縫い代を始末する。
縫い代は後ろ身頃側へ倒す。
反対側も同様に

7. 袖口を縫う

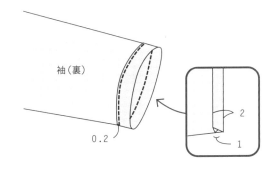

袖(裏)

0.2

2

1

袖口を1cm＋2cmの三つ折りで縫う。
反対側も同様に

8. 裾を1cm＋2cmの三つ折りに して縫う（基本と同じ→p.21）

9. ボタンループに合わせて ボタンをつける （ボタンのつけ方→p.33）

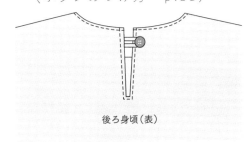

後ろ身頃(表)

完成！

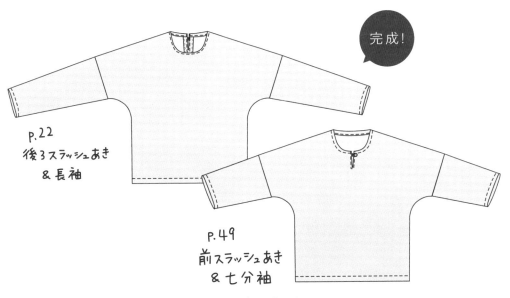

p.22
後ろスラッシュあき
＆長袖

p.49
前スラッシュあき
＆七分袖

衿つき、前あきにすることで
きちんと感をプラスできて
着こなしの幅が広がります。
衿ぐりゆったりのフェミニンなブラウスです。
ちょっとレベルアップしたいと思ったら
チャレンジしてほしいアイテム。

A-3

衿つき前あき
ブラウス

（角衿タイプ）

how to make → page 29

パターン作り

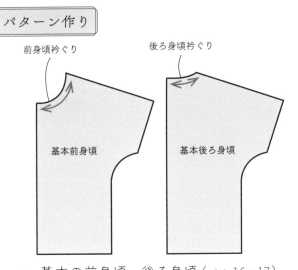

前身頃衿ぐり　　　後ろ身頃衿ぐり

基本前身頃　　基本後ろ身頃

① 基本の前身頃、後ろ身頃（→p.16〜17）
の衿ぐりをはかる

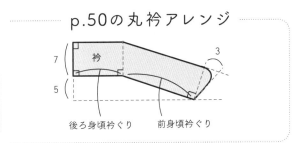

5　衿　　2
3

後ろ身頃衿ぐり　　前身頃衿ぐり

② 衿ぐりの長さをもとに、
衿をかく

p.50の丸衿アレンジ

7　衿　　3
5

後ろ身頃衿ぐり　　前身頃衿ぐり

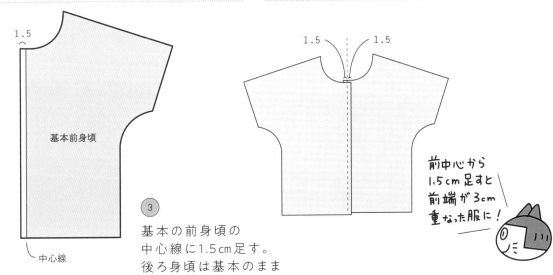

1.5

基本前身頃

中心線

1.5　　1.5

③ 基本の前身頃の
中心線に1.5cm足す。
後ろ身頃は基本のまま

前中心から
1.5cm足すと
前端が3cm
重なった服に！

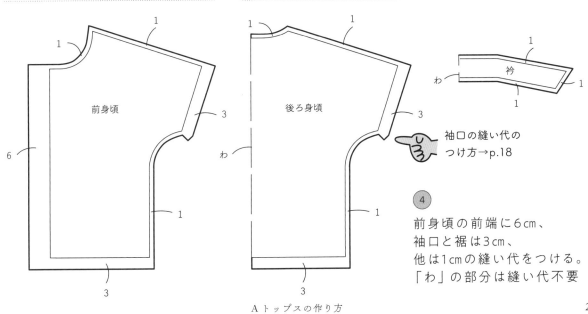

1　　1
1

前身頃

6　　3

1

3

1　　1
1

後ろ身頃

わ　　3

1

3

1　　衿　　1
わ　　1

袖口の縫い代の
つけ方→p.18

④

前身頃の前端に6cm、
袖口と裾は3cm、
他は1cmの縫い代をつける。
「わ」の部分は縫い代不要

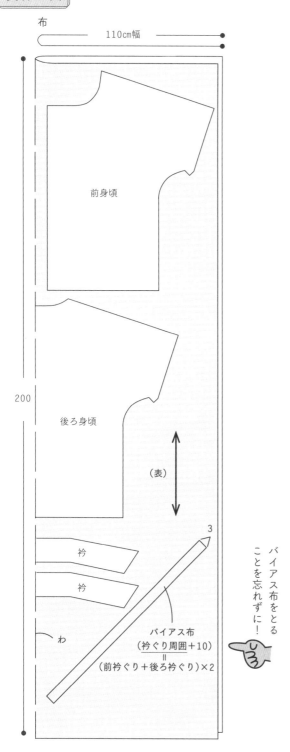

布

110cm幅

前身頃

後ろ身頃

（表）

200

衿

衿

3

わ

バイアス布
<u>（衿ぐり周囲＋10）</u>
＝
（前衿ぐり＋後ろ衿ぐり）×2

バイアス布をとる
ことを忘れずに！

図はバスト85cm、着丈60cmで作る場合の参考例

パーツ
　前身頃×2
　後ろ身頃×1
　衿×2
　バイアス布×1

付属品
　接着芯
　ボタン（直径11.5〜12mm）
　　　×6個

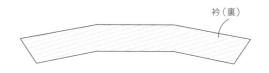

衿（裏）

① 衿（1枚）の裏に接着芯をはる

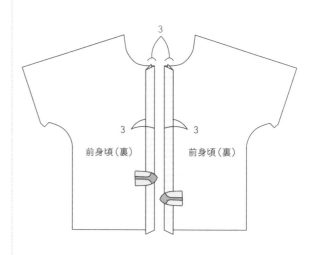

3

3

3

前身頃（裏）

前身頃（裏）

② 前身頃の見返し部分を3cm＋3cmの
　三つ折りにして折り目をつけておく

衿のバリエーション

あんなのも
こんなのも
作ってみたいな…

1. 肩を縫う
（基本と同じ→p.19）

2. 衿をつける

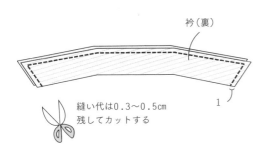

衿（裏）

縫い代は0.3〜0.5cm
残してカットする

1

① 衿2枚を中表に合わせて、
縫い代1cmで縫う

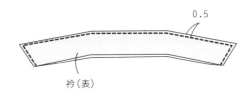

0.5

衿（表）

② 衿を表に返して折り目から周囲を
0.5cmのところを縫う

p.50の丸衿アレンジ

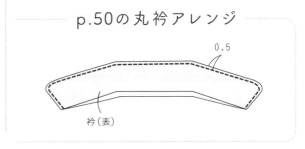

0.5

衿（表）

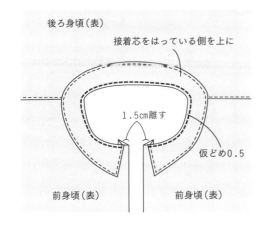

後ろ身頃（表）

接着芯をはっている側を上に

1.5cm離す

仮どめ0.5

前身頃（表）　　前身頃（表）

③ 衿を身頃の衿ぐりに仮どめする

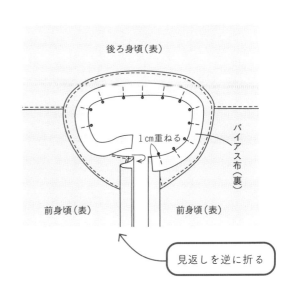

後ろ身頃（表）

1cm重ねる

バイアス布（裏）

前身頃（表）　　前身頃（表）

見返しを逆に折る

④ 見返しを逆に折り、バイアス布を
衿ぐりにまち針でとめていく。
バイアス布の余分はカットする

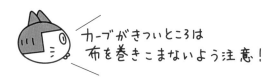
カーブがきついところは
布を巻きこまないよう注意!

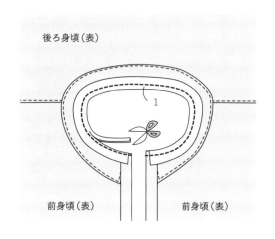

後ろ身頃(表)

前身頃(表)　　　　前身頃(表)

⑤ 衿ぐりを縫い代1cmで縫い、縫い代は
0.3〜0.5cm残してカットする

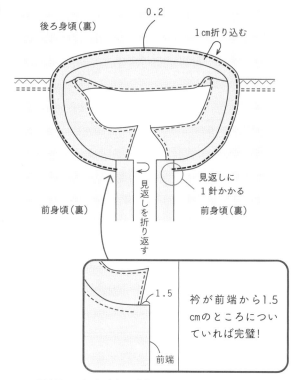

後ろ身頃(裏)　　　　0.2　　　1cm折り込む

前身頃(裏)　　見返しを折り返す　　前身頃(裏)

見返しに
1針かかる

1.5

前端

衿が前端から1.5
cmのところについ
ていれば完璧!

⑥ 見返しを裏側に折り返し、
バイアス布を1cm折り込んで縫う

3. 見返しを縫う
見返しを折り目から0.2cmのところを縫う

4. 袖口に折り目をつける

5. 脇を縫う

6. 袖口を縫う
(基本と同じ→p.21)

7. 裾を縫う
裾を1.5cm＋1.5cmの
三つ折りにして
折り目から0.2cmの
ところを縫う

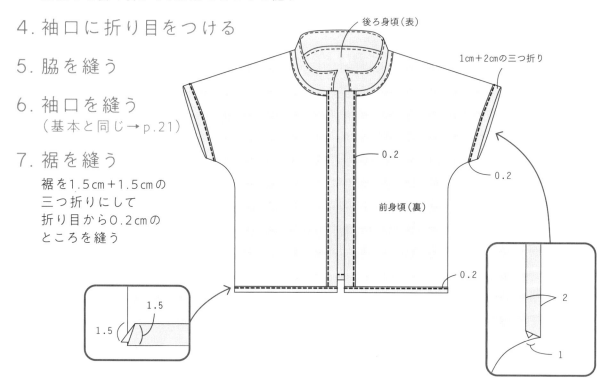

後ろ身頃(表)

1cm＋2cmの三つ折り

0.2

0.2

前身頃(裏)

0.2

1.5

1.5

2

1

8. ボタンホールを作り、ボタンをつける

p.50
丸衿タイプ

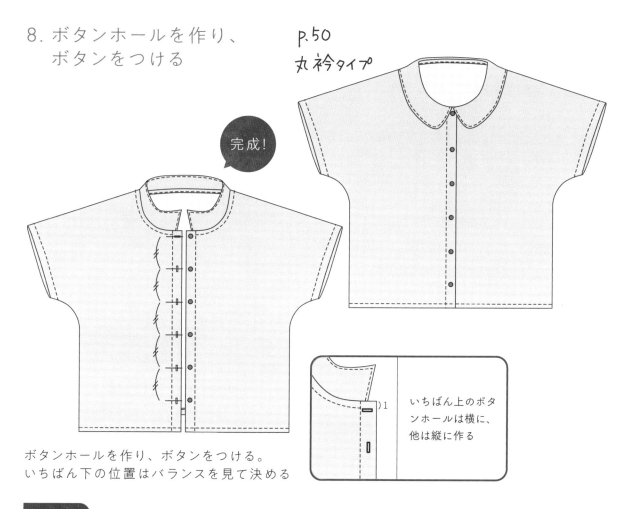

完成!

ボタンホールを作り、ボタンをつける。
いちばん下の位置はバランスを見て決める

いちばん上のボタンホールは横に、他は縦に作る

POINT

ボタンホールの大きさの決め方

ボタンホールの大きさ＝
ボタンの直径＋ボタンの厚み

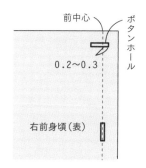

前中心
ボタンホール
0.2〜0.3
右前身頃（表）

横穴は前中心から
0.2〜0.3cm前端側にずらす。
縦穴は前中心に合わせる

ボタンのつけ方

結び玉　表面

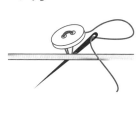

① 表面から針を刺し、布をすくう

② 布とボタンに 2〜3 回糸を渡す

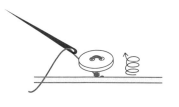

結び玉

③ ボタンと布の間に糸を 2〜3 周巻きつける

④ 裏面に結び玉を作り、最後に針を上面に引き込んで糸を切る

A-4

ポケットつき
Aラインワンピース
（チュニック丈）

how to make → page 35

シルエットは裾に向かって
フレアをプラスしたチュニック丈。
サイドにポケットをつけて、機能性も充分です。
なんといっても、おなかとおしりを
すっぽりとカバーするこの安心感！
ね、あなたも好きでしょ。

how to make

パターン作り

基本の後ろ身頃（→p.16）をもとに作ります。

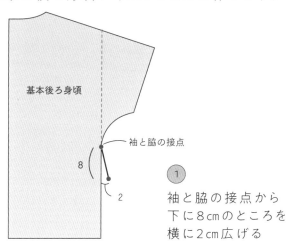

基本後ろ身頃

袖と脇の接点

8

2

① 袖と脇の接点から
下に8cmのところを
横に2cm広げる

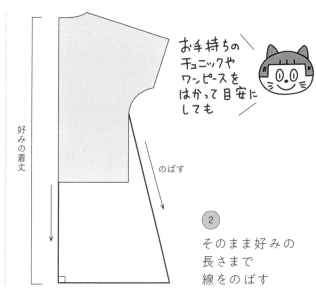

好みの着丈

のばす

お手持ちの
チュニックや
ワンピースを
はかって目安に
しても

② そのまま好みの
長さまで
線をのばす

後ろ身頃

中心線

脇線

5

とりあえず
後ろ身頃はここまで

③ 中心線をさらに
下に5cmのばし、
自然なカーブで
脇線につなげる

8

前身頃

基本と同様に衿ぐ
り線を8cm下げる

④ ③の図を別紙に写し、
前身頃をかく。
頭が入らなさそうなら
衿ぐりを広げる
アレンジを参照（→p.17）

前身頃完成

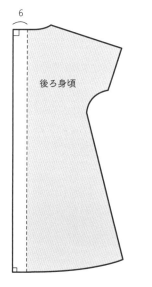

6

後ろ身頃

⑤ 後ろ身頃に
タック分の6cmを
かき足す

後ろ身頃完成

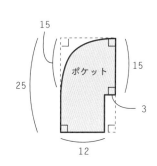

15

25

15

ポケット

3

12

⑥ ポケットをかく

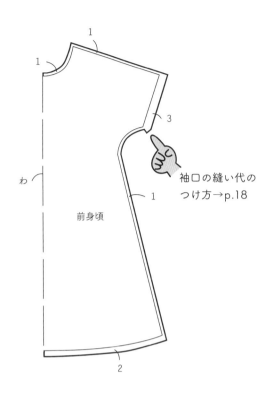

1

1

3

わ

前身頃

袖口の縫い代の
つけ方→p.18

1

2

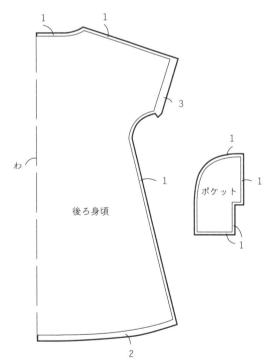

1

1

3

わ

1

1

後ろ身頃

ポケット

1

1

1

2

⑦ 袖口に3cm、裾に2cm、他は1cmの
縫い代をつける。
「わ」の部分は縫い代不要

裁合せ図

布

← 110cm幅 →

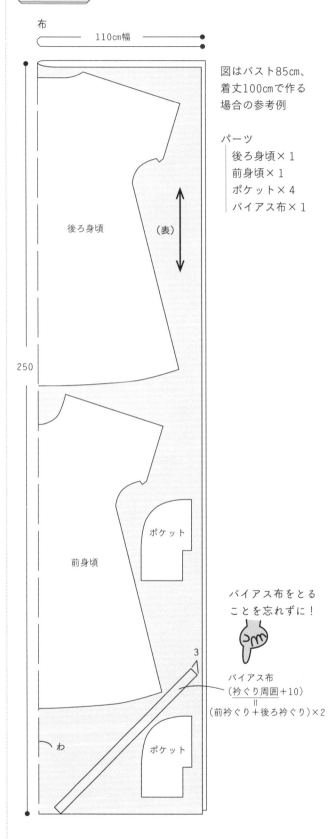

後ろ身頃

（表）

250

前身頃

ポケット

わ

3

ポケット

図はバスト85cm、
着丈100cmで作る
場合の参考例

パーツ
　後ろ身頃×1
　前身頃×1
　ポケット×4
　バイアス布×1

バイアス布をとる
ことを忘れずに！

バイアス布
$\dfrac{(衿ぐり周囲+10)}{=}$
（前衿ぐり＋後ろ衿ぐり）×2

1. 後ろ身頃に
　　　　タックを作る

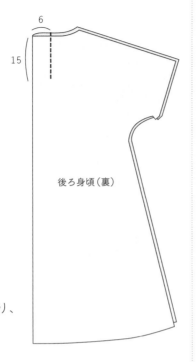

6

15

後ろ身頃(裏)

① 後ろ身頃を
中表に半分に折り、
折り目から
6cmのところを
上から15cm縫う

袖やスラッシュあきを
追加しても いいね

アレンジを
楽しもう！

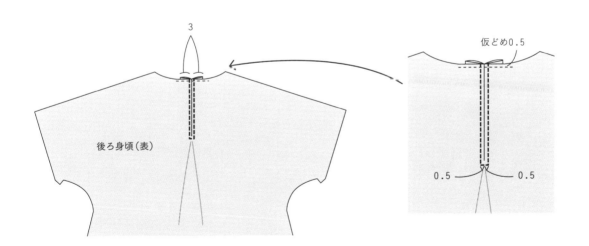

3

後ろ身頃(表)

仮どめ0.5

0.5　　0.5

② タックをたたみ、表側から縫い目の周囲を
ぐるっと縫う（補強のため）。
タックと衿ぐりは仮どめしておく

2. ポケットをつける

前身頃を体に当て
て決める

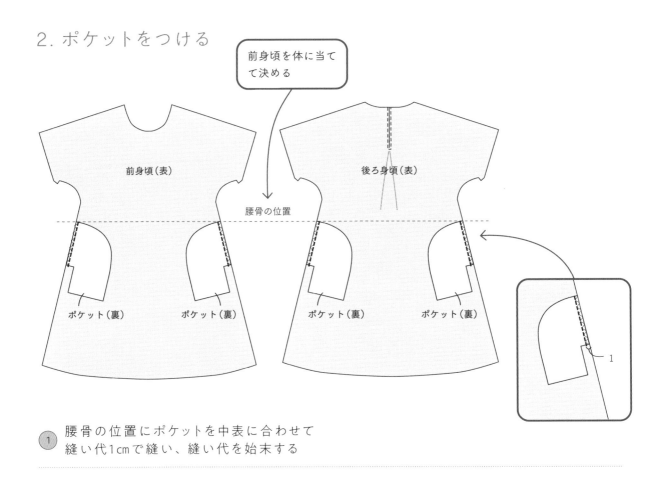

前身頃(表)

後ろ身頃(表)

腰骨の位置

ポケット(裏)　　　ポケット(裏)　　　　ポケット(裏)　　　ポケット(裏)

1

① 腰骨の位置にポケットを中表に合わせて
縫い代1cmで縫い、縫い代を始末する

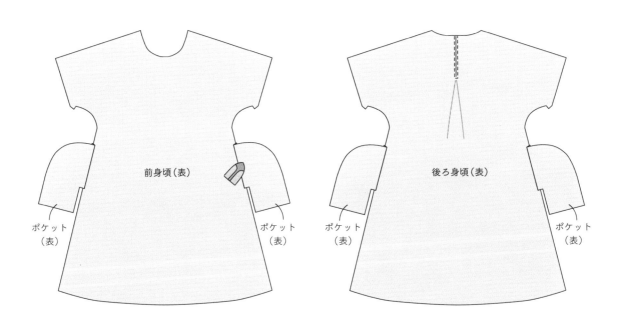

前身頃(表)　　　　　　　　　　　後ろ身頃(表)

ポケット
(表)　　　　　　　　　　ポケット
　　　　　　　　　　　　(表)

ポケット
(表)　　　　　　　　　　ポケット
　　　　　　　　　　　　(表)

② ポケットを開き、縫い代はポケット側へ倒す

3. 肩を縫う（基本と同じ→p.19）

4. 衿ぐりを始末する
（基本と同じ→p.19～20）

5. 袖口に折り目をつける
（基本と同じ→p.21）

6. 脇とポケットを縫う

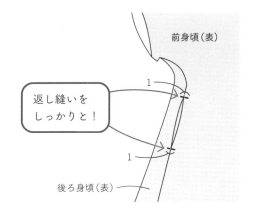

返し縫いを
しっかりと！

前身頃（表）

1

1

後ろ身頃（表）

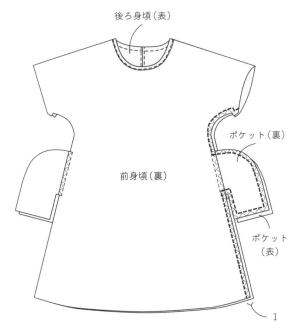

後ろ身頃（表）

ポケット（裏）

前身頃（裏）

ポケット（表）

1

(1) 前身頃と後ろ身頃を中表に合わせて、
脇からポケットを続けて
縫い代1cmで縫い、縫い代を始末する

(2) ポケットと縫い代を前身頃側へ倒し、
ポケットの上下を縫う（補強のため）。
反対側も (1)、(2) と同様に

7. 袖口を縫う（基本と同じ→p.21）

8. 裾を縫う

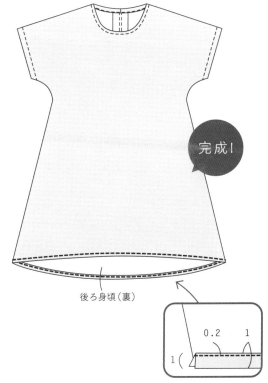

完成！

後ろ身頃（裏）

0.2   1

1(

裾を1cm＋1cmの三つ折りにして
折り目から0.2cmのところを縫う

好みの丈で作りましょう

安心の
ロング丈

軽やか
ひざ丈

ブラウス
くらいも
ありだと
思う

冬を制する者は、手作り服を制する。
アウターを作れたら、
もはや恐れるものは何もありません。
しかも、これはキルティングと
普通地のリバーシブル！
一着で2度おいしい、
コスパアイテムなのです。

A-5

リバーシブル
ジャケット

（ノーマル丈）

how to make → page 41

パターン作り

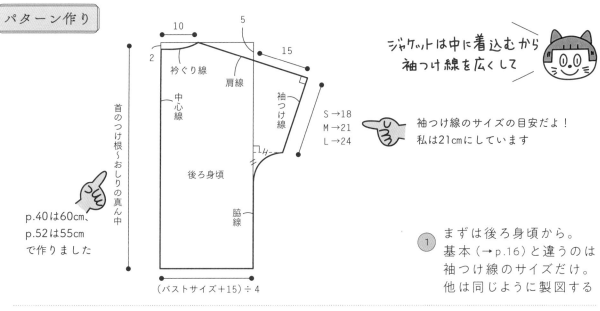

首のつけ根〜おしりの真ん中

p.40は60cm、
p.52は55cm
で作りました

10
5
2
衿ぐり線
肩線
15
袖つけ線
中心線
後ろ身頃
S→18
M→21
L→24
脇線

（バストサイズ＋15）÷4

ジャケットは中に着込むから
袖つけ線を広くして

袖つけ線のサイズの目安だよ！
私は21cmにしています

① まずは後ろ身頃から。
基本（→p.16）と違うのは
袖つけ線のサイズだけ。
他は同じように製図する

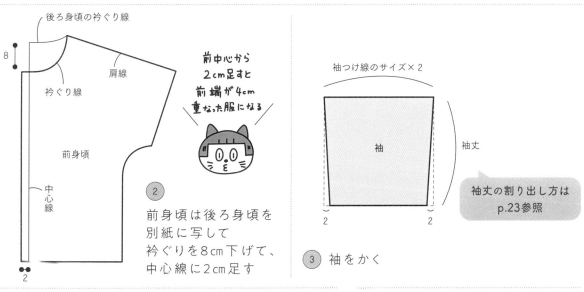

後ろ身頃の衿ぐり線
8
衿ぐり線
肩線
前身頃
中心線
2

前中心から
2cm足すと
前端が4cm
重なった服になる

② 前身頃は後ろ身頃を
別紙に写して
衿ぐりを8cm下げて、
中心線に2cm足す

袖つけ線のサイズ×2
袖
袖丈
2
2

袖丈の割り出し方は
p.23参照

③ 袖をかく

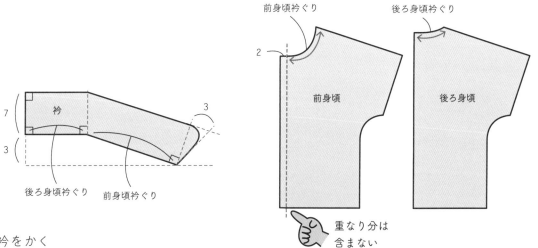

7
衿
3
3
後ろ身頃衿ぐり
前身頃衿ぐり

④ 衿をかく

前身頃衿ぐり
後ろ身頃衿ぐり
2
前身頃
後ろ身頃

重なり分は
含まない

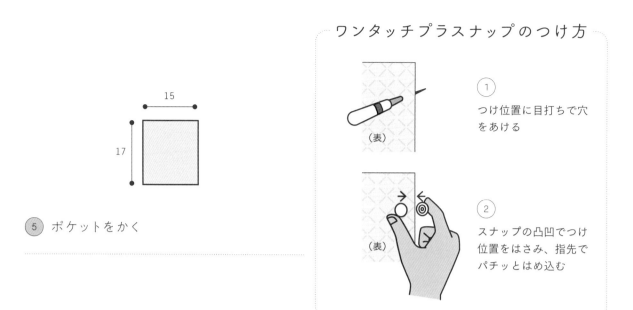

15

17

① つけ位置に目打ちで穴をあける

（表）

② スナップの凸凹でつけ位置をはさみ、指先でパチッとはめ込む

（表）

⑤ ポケットをかく

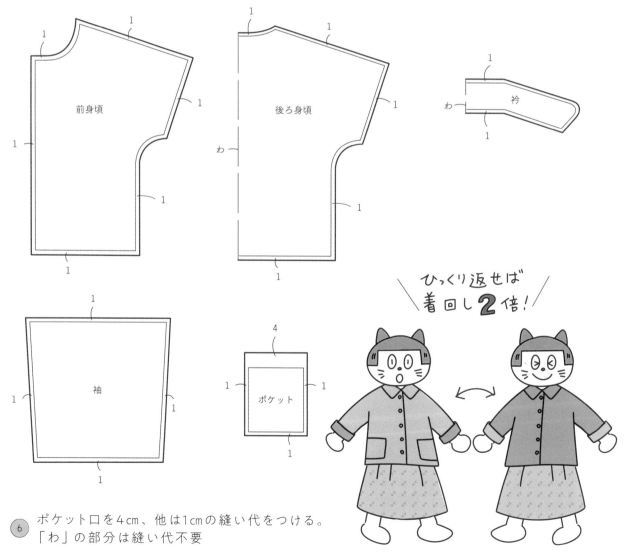

前身頃

後ろ身頃

衤

わ

わ

袖

4

ポケット

ひっくり返せば
着回し2倍!

⑥ ポケット口を4cm、他は1cmの縫い代をつける。
「わ」の部分は縫い代不要

表布（キルティング）

裏布（コットン）

110cm幅

110cm幅

後ろ身頃

ポケット

衿

わ

前身頃

（表）

袖

200

後ろ身頃

衿

わ

前身頃

（表）

袖

図はバスト85cm、
着丈60cmで作る
場合の参考例

パーツ
・表布
　前身頃×2
　後ろ身頃×1
　衿×1
　袖×2
　ポケット×2
・裏布
　前身頃×2
　後ろ身頃×1
　衿×1
　袖×2
付属品
　ワンタッチプラスナップ
　（直径13mm）×5組み

表布は2枚の布で
わたを挟んだ
キルティング生地

注意

裏布はポリエステルな
どのツルツルした生地
ではなく、コットン生
地を使うこと！

縫い方　1. ポケットをつける

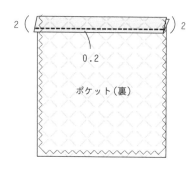

2（　　　　　　　　）2
0.2
ポケット（裏）

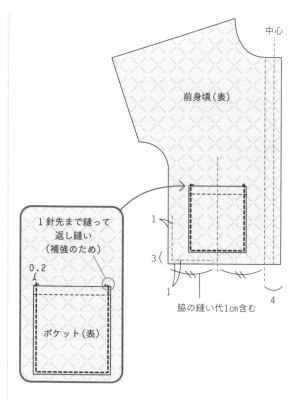

中心
前身頃（表）

1針先まで縫って
返し縫い
（補強のため）
0.2
ポケット（表）

1
3（
1
4
脇の縫い代1cm含む

① ポケット口を2cm＋2cmの三つ折りにして
　縫い、周囲の端を始末する※2枚作る

② 前身頃にポケットをつける。
　もう片方の前身頃も同様に

2. 肩を縫う

後ろ身頃（表）

前身頃（裏）

1

前身頃と後ろ身頃を中表に合わせて
縫い代1cmで縫い、縫い代を割る

3. 袖をつけ、袖下から脇を縫う

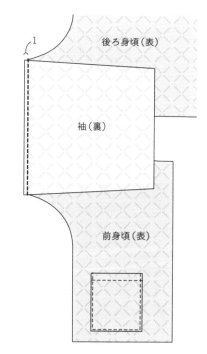

1
後ろ身頃（表）

袖（裏）

前身頃（表）

① 身頃と袖を中表に合わせて
　縫い代1cmで縫い、縫い代を割る

② 身頃を中表に合わせて
袖下から脇を縫い代1cmで縫い、
縫い代は割る（できる範囲でOK）。
反対側も①、②と同様に

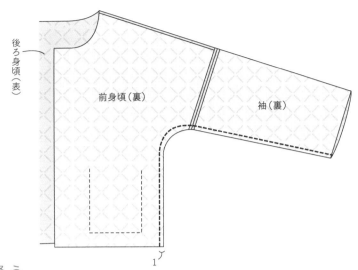

4. 裏布も2〜3と同様に縫う

5. 衿をつける

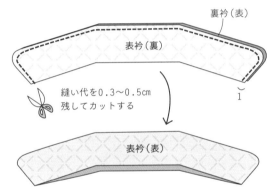

縫い代を0.3〜0.5cm
残してカットする

① 表布と裏布の衿を中表に合わせて
縫い代1cmで縫い、表に返す

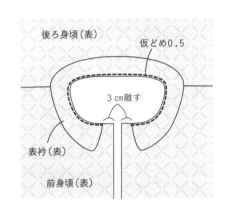

② 表布に衿を仮どめする

6. 表布と裏布を
縫い合わせる

① 表布と裏布を
向い合せに重ねる

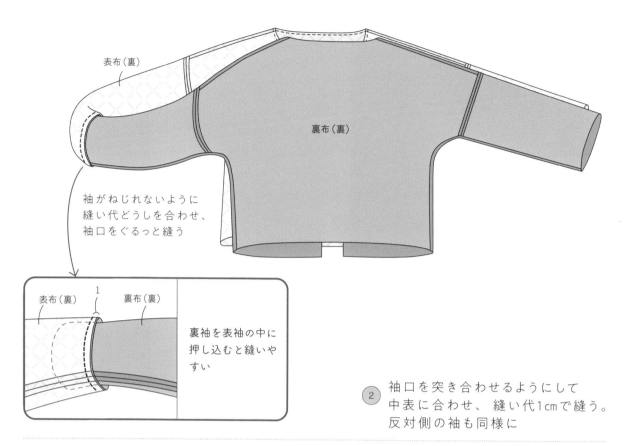

表布(裏)

裏布(裏)

袖がねじれないように
縫い代どうしを合わせ、
袖口をぐるっと縫う

表布(裏)　1　裏布(裏)

裏袖を表袖の中に
押し込むと縫いや
すい

② 袖口を突き合わせるようにして
　中表に合わせ、縫い代1cmで縫う。
　反対側の袖も同様に

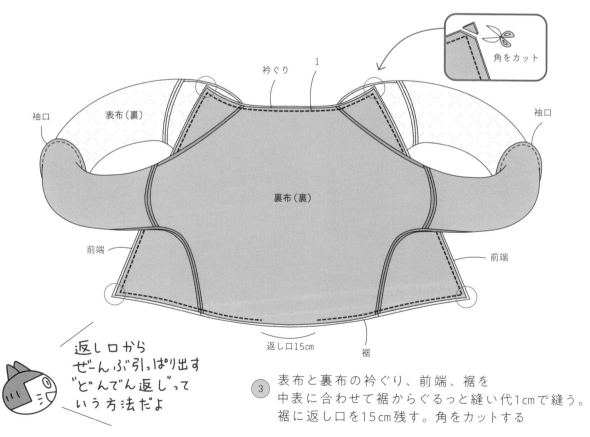

衿ぐり　1

角をカット

袖口　　　表布(裏)　　　　　　　　袖口

裏布(裏)

前端　　　　　　　　　　　　　　　前端

返し口15cm　　　裾

返し口から
ぜーんぶ引っぱり出す
"どんでん返し"って
いう方法だよ

③ 表布と裏布の衿ぐり、前端、裾を
　中表に合わせて裾からぐるっと縫い代1cmで縫う。
　裾に返し口を15cm残す。角をカットする

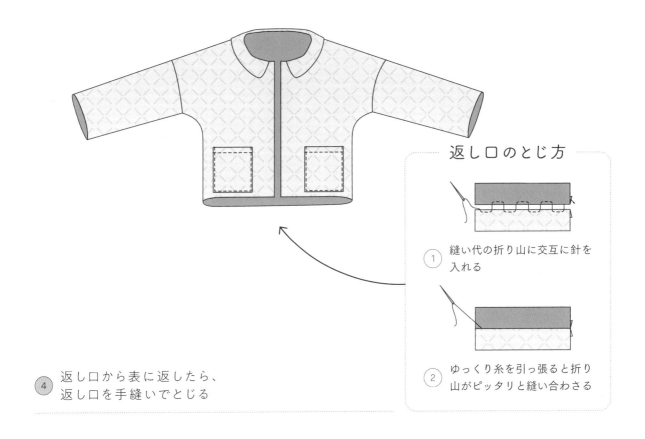

返し口のとじ方

① 縫い代の折り山に交互に針を入れる

② ゆっくり糸を引っ張ると折り山がピッタリと縫い合わさる

④ 返し口から表に返したら、返し口を手縫いでとじる

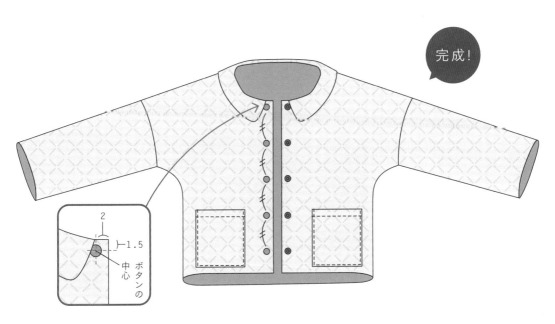

完成!

2

1.5

ボタンの中心

⑤ ワンタッチプラスナップをつける（つけ方→p.42）。いちばん下の位置はバランスを見て決める

A-1

<u>基本</u>
半袖風ブラウス
（衿ぐり広め）

基本のトップスは夏のヘビ
ロテアイテム間違いなし。
これはp.14のブラウスより
衿ぐりを少し広げました。

A-2

バリエーション

スラッシュあき
袖つき
ブラウス

（前あき七分袖）

長めの袖をつけて、オール
シーズンOKの一着に。p.22
の後ろスラッシュあき＋長
袖の作り方を参考に、この
前あき＋七分袖も作れます。

A-3

バリエーション
衿つき前あき
ブラウス

（丸衿タイプ）

前をあけたりとじたり。それだけで
着こなしの幅が広がります。これは
p.28のブラウスより衿の幅を広く、
先を丸くしたバージョンです。柄合
せいらずのプリント地は、北欧デザ
インのラズベリーモチーフ。

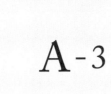

A-4

バリエーション

ポケットつき
Aライン
ワンピース

（ロング丈）

ゆったり＆らくちんがうれしいアイテ
ムは、p.34のワンピースより、着丈を
長くしました。揺れるシルエットに心
地いい、ふんわりとした感触のコット
ン地で。p.65のスカートと色違いです。

A-5

<u>バリエーション</u>

リバーシブル
ジャケット

（ショート丈）

表布と裏布の組合せを迷うのも楽
しいリバーシブル仕立て。これは
p.40のジャケットより着丈をやや
短くしました。表布はプロヴァン
スプリントのキルティング地。

B スカートの作り方

簡単な計算と合理的な作り方の
タックスカートを紹介します。
ポケットつきなので、
実用性も申し分なし!
基本のタックの縫い方を
マスターしたら、タックの数を
増やしたスカートにも挑戦してみては。
そう変わらないプロセスで、
違うタイプのスカートができるなんて
おもしろいでしょ?

Bの基本アイテム

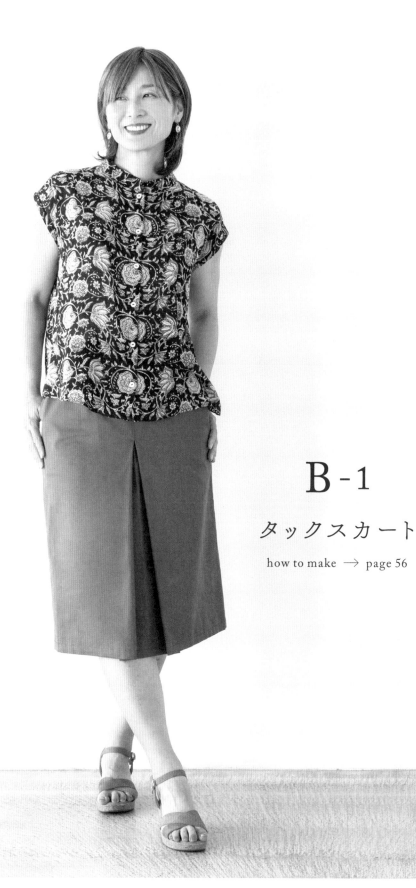

B-1

タックスカート

how to make → page 56

少しタイトなスカートは、
前中心にタックを1本入れました。
腰回りをすっきり見せつつ
足さばきもよい、優秀大人アイテム。
ウエストは作るのも
脱ぎ着も手軽なゴム仕様です。
しっかりとした生地感の布で。

パターン作り

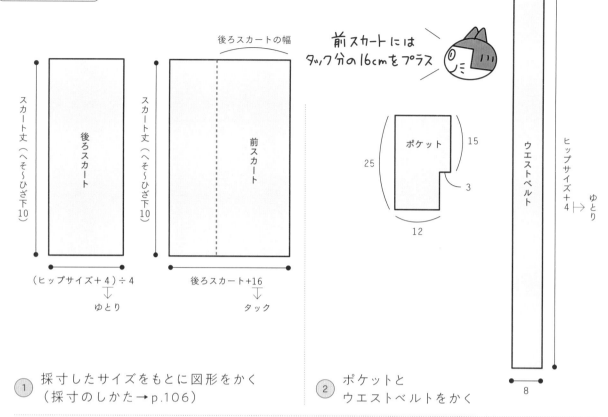

後ろスカートの幅

前スカートには
タック分の16cmをプラス

後ろスカート
スカート丈（へそ〜ひざ下10）

前スカート
スカート丈（へそ〜ひざ下10）

ポケット
25
15
3
12

ウエストベルト
ヒップサイズ＋4 ゆとり
8

（ヒップサイズ＋4）÷4
↓
ゆとり

後ろスカート＋16
↓
タック

① 採寸したサイズをもとに図形をかく
（採寸のしかた→p.106）

② ポケットと
ウエストベルトをかく

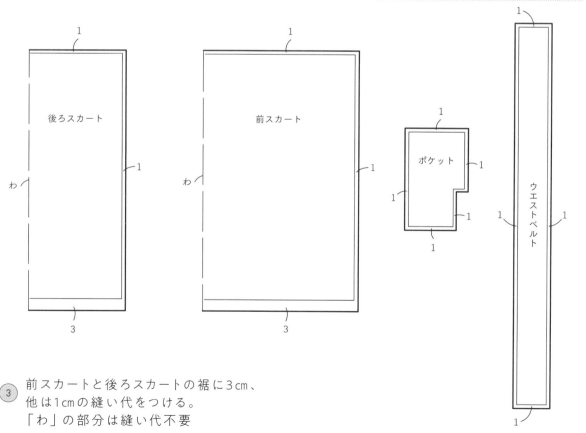

後ろスカート
1
1
わ
3

前スカート
1
1
わ
3

ポケット
1
1
1
1
1

ウエストベルト
1
1
1
1

③ 前スカートと後ろスカートの裾に3cm、
他は1cmの縫い代をつける。
「わ」の部分は縫い代不要

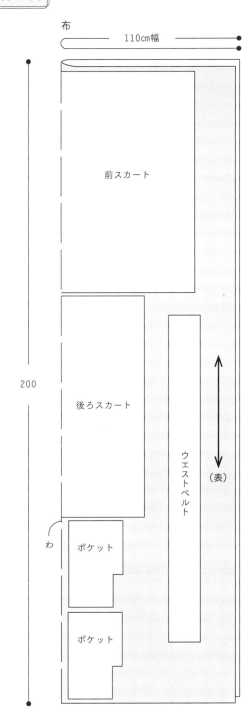

布
110cm幅

前スカート

後ろスカート

ウエストベルト

（表）

わ

ポケット

ポケット

200

図はヒップサイズ96cm、スカート丈65cmで
作った場合の参考例

パーツ	付属品
前スカート×1	平ゴム（幅3cm）：
後ろスカート×1	ウエストサイズ
ウエストベルト×1	－5～10cm×1本
ポケット×4	

縫い方　1. 前スカートに
　　　　　　タックを作る

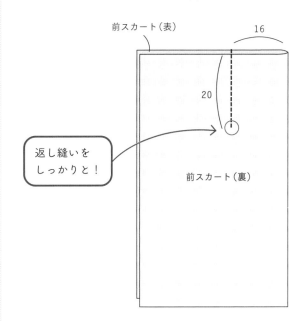

前スカート（表）

16

20

前スカート（裏）

返し縫いを
しっかりと！

① 前スカートを中表で半分に折り、
　折り目から16cmのところを
　上から20cm縫う

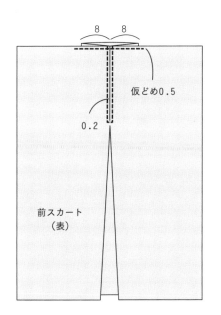

8　8

仮どめ0.5

0.2

前スカート
（表）

② 前スカートを開き、
　タックをたたむ。
　表側から①の縫い目の周囲を
　ぐるっと縫う（補強のため）。
　タックを前スカートに仮どめしておく

2. スカートにポケットをつける

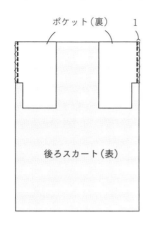

ポケット（裏） 1

後ろスカート（表）

① 後ろスカートとポケットを中表にして
縫い代1cmで縫い、縫い代を始末する

ポケット（表）

後ろスカート（表）

② ポケットを開きアイロンをかけておく。
縫い代はポケット側へ倒す。
前スカートも①、②と同様に

3. 前スカートと後ろスカートを縫い合わせる

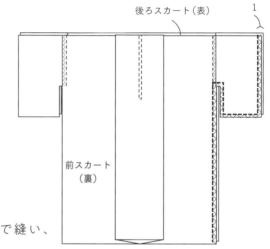

後ろスカート（表） 1

前スカート（裏）

① 前スカートと後ろスカートを
中表にして、ポケットから
スカート脇を続けて縫い代1cmで縫い、
縫い代を始末する

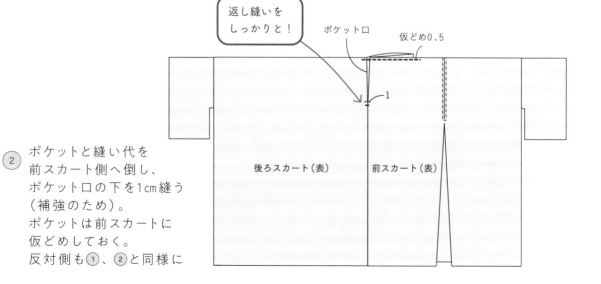

返し縫いを
しっかりと！

ポケット口

仮どめ0.5

1

後ろスカート（表）　前スカート（表）

② ポケットと縫い代を
前スカート側へ倒し、
ポケット口の下を1cm縫う
（補強のため）。
ポケットは前スカートに
仮どめしておく。
反対側も①、②と同様に

4. ウエストベルトをつけ、 平ゴムを通す

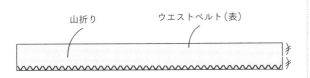

① ウエストベルトの半分にアイロンで 折り目をつけ、 ベルトの1辺の端を 始末する

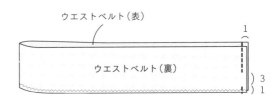

② ウエストベルトを中表にして端を合わせ、 始末した側を1cm縫い、 3cmあけて残りを縫う

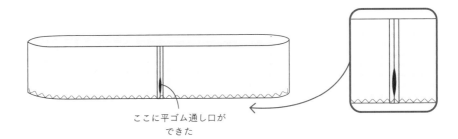

ここに平ゴム通し口が できた

③ 縫い代を割る

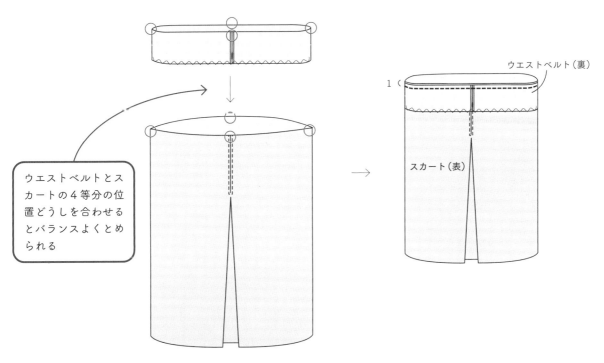

ウエストベルトとス カートの4等分の位 置どうしを合わせる とバランスよくとめ られる

④ ウエストベルトの端の始末をしていない側と スカートの上部を中表に合わせて、 縫い代1cmで縫う

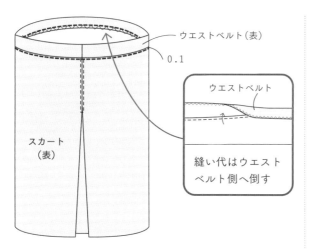

ウエストベルト（表）

0.1

スカート（表）

ウエストベルト

縫い代はウエストベルト側へ倒す

⑤ ウエストベルトの折り目を戻し、表から
ベルトのすぐ下0.1cmのところを縫う

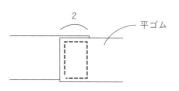

2

平ゴム

⑥ 平ゴム通し口から平ゴムを通し、
端を2cmずつ重ねて手縫いで
縫い合わせる

5. 裾を縫う

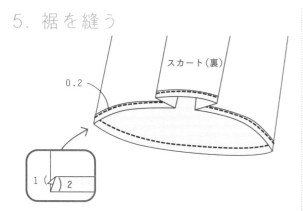

スカート（裏）

0.2

1 2

裾を1cm＋2cmの三つ折りにして、
折り目から0.2cmのところを縫う

完成！

私の好きな スカート丈を
みつけよう♪

55cm
ひざ上

65cm
ひざ下

85cm
マキシ

75cm
ミモレ

Bのバリエーション

B-2

6タックスカート

（ひざ下丈）

how to make → page 62

前後合わせてタックが6つ。
ふんわりとした
フェミニンスカートができ上がりました。
深めにタックを縫っているので、
腰回りはスッキリとしています。
重たくなりがちな黒も、ひざ下丈で軽やかに。

パターン作り

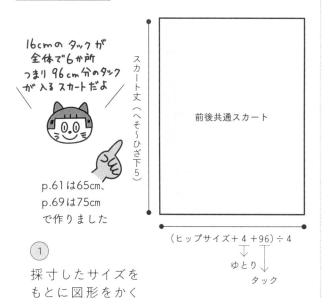

16cmの タックが 全体で6か所 つまり 96cm分のタック が 入る スカートだよ

p.61は65cm、 p.69は75cm で作りました

スカート丈（へそ〜ひざ下5）

前後共通スカート

（ヒップサイズ＋ 4 ＋96）÷ 4

ゆとり

タック

① 採寸したサイズを もとに図形をかく

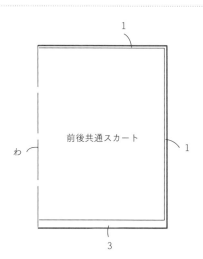

1

前後共通スカート

わ

1

3

② 裾に3cm、他は1cmの縫い代をつける。 「わ」の部分は縫い代不要

ポケット

ウエストベルト

③ ウエストベルトとポケットは基本と同じ （→p.56）

裁合せ図

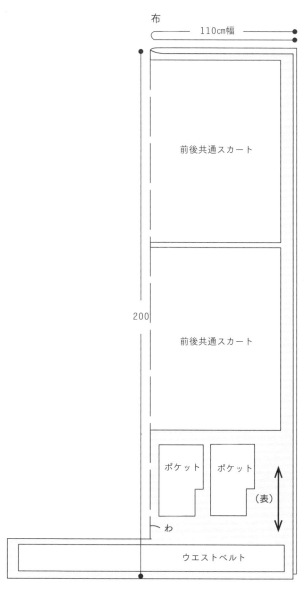

布

110cm幅

前後共通スカート

200

前後共通スカート

ポケット ポケット

（表）

わ

ウエストベルト

図はヒップサイズ96cm、スカート丈65cmで 作った場合の参考例

パーツ
前後共通スカート×2
ウエストベルト×1
ポケット×4

付属品
平ゴム（3cm幅）：
ウエストサイズ
−5〜10cm×1本

1. 前後共通スカートに
タックを作る

つまり縫い代分を含まず
に折るということ

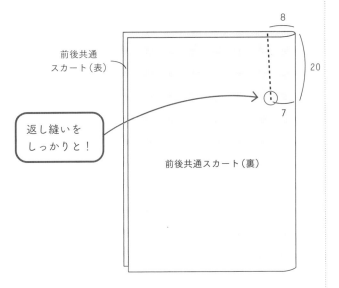

8

20

7

前後共通
スカート(表)

前後共通スカート(裏)

返し縫いを
しっかりと!

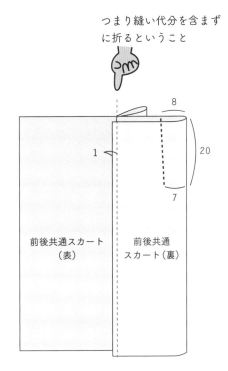

8

20

7

1

前後共通スカート
(表)

前後共通
スカート(裏)

① スカート布を中表で半分に折る。
折り目から8cmのところを上から20cm、
折り目から7cmのところに向かって縫う

② ①の縫い目と端1cmのところを
合わせて中表に折る。
①と同じように縫う

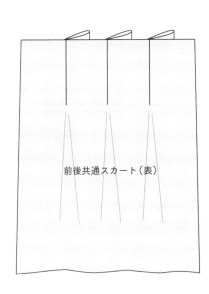

前後共通スカート(表)

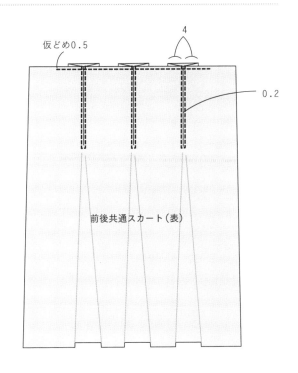

仮どめ0.5

4

0.2

前後共通スカート(表)

③ 逆サイドも同じように折って縫う

④ タックを開き、表側から縫い目の周囲を
ぐるっと縫う。タックを仮どめしておく。
もう1枚のスカートも①〜④と同様に

2. 前後共通スカートに ポケットをつける
（基本と同じ→p.58）

3. 2枚のスカートを 縫い合わせる

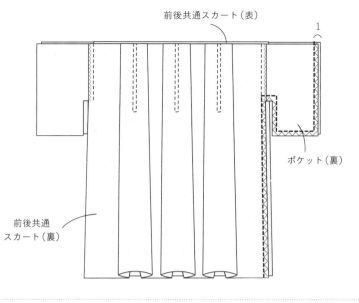

前後共通スカート（表）

ポケット（裏）

前後共通
スカート（裏）

① 2枚のスカートを
中表にしてポケットから
脇を続けて縫い代1cmで縫い、
縫い代を始末する

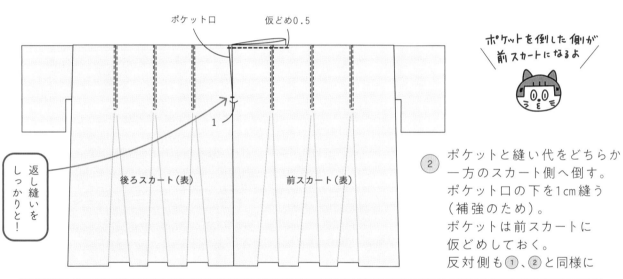

ポケット口

仮どめ0.5

ポケットを倒した側が
前スカートになるよ

返し縫いを
しっかりと！

後ろスカート（表）

前スカート（表）

② ポケットと縫い代をどちらか
一方のスカート側へ倒す。
ポケット口の下を1cm縫う
（補強のため）。
ポケットは前スカートに
仮どめしておく。
反対側も①、②と同様に

4. ウエストベルトをつけ、 平ゴムを通す

5. 裾を縫う
（基本と同じ→p.59〜60）

完成！

B-3

14タックスカート

（柄タイプ）

how to make → page 66

タックの数を、B-2よりさらに増やして。
ロング丈の14タックスカートは、
私の定番服の一つです。
お出かけにもリラックススタイルにも
使える万能アイテム。
柔らかな風合いとエキゾチックな柄に
気持ちも弾む布で作りました。

パターン作り

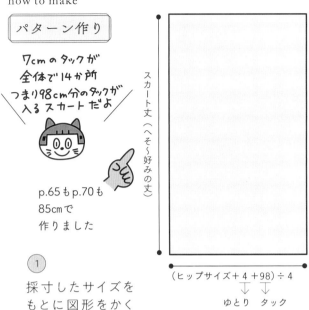

7cmのタックが
全体で14か所
つまり98cm分のタックが
入るスカートだよ

p.65もp.70も
85cmで
作りました

スカート丈（へそ～好みの丈）

（ヒップサイズ＋4＋98）÷4
↓　　↓
ゆとり　タック

① 採寸したサイズを
もとに図形をかく

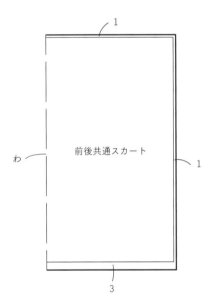

1

前後共通スカート

わ

1

3

② 裾に3cm、他は1cmの縫い代をつける。
「わ」の部分は縫い代不要

ポケット

ウエストベルト

③ ウエストベルトとポケットは基本と同じ
（→p.56）

裁合せ図

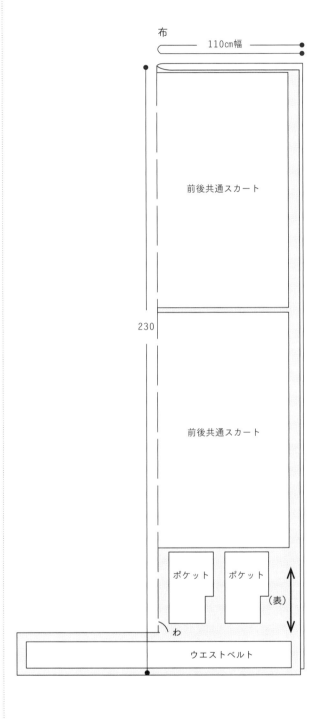

布

110cm幅

前後共通スカート

230

前後共通スカート

ポケット　ポケット

（表）

わ

ウエストベルト

図はヒップサイズ96cm、スカート丈85cmで
作った場合の参考例

パーツ	付属品
前後共通スカート×2	平ゴム（3cm幅）：
ウエストベルト×1	ウエストサイズ
ポケット×4	－5～10cm×1本

1. 前後共通スカートにタックを作る

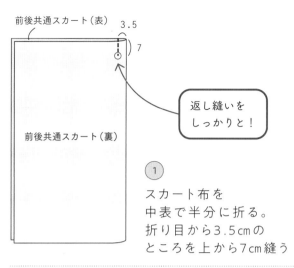

前後共通スカート（表）
3.5
7
前後共通スカート（裏）

返し縫いを
しっかりと！

① スカート布を
中表で半分に折る。
折り目から3.5cmの
ところを上から7cm縫う

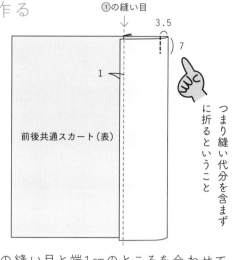

①の縫い目
3.5
7
前後共通スカート（表）
1

つまり縫い代分を含まずに折るということ

② ①の縫い目と端1cmのところを合わせて
中表に折り、①と同じように縫う

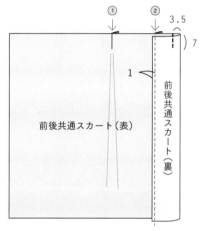

① ②
3.5
7
前後共通スカート（表）
1
前後共通スカート（裏）

③ ②の縫い目と端1cmのところを合わせて
中表に折り、①と同じように縫う

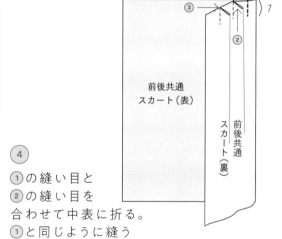

①
3.5
③ ②
7
前後共通スカート（表）
前後共通スカート（裏）

④ ①の縫い目と
②の縫い目を
合わせて中表に折る。
①と同じように縫う

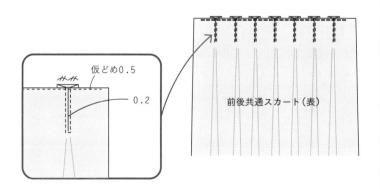

仮どめ0.5
0.2
前後共通スカート（表）

⑤ 逆サイドも同じように縫い、タックを開いて
縫い目の周囲をぐるっと縫う。
タックをスカートに仮どめする。
もう1枚のスカートも①～⑤と同様に

2. 前後共通スカートに
ポケットをつける

3. 2枚のスカートを
縫い合わせる

4. ウエストベルトを
つけ、平ゴムを通す

5. 裾を縫う
（基本と同じ→p.58～60）

完成!

B-1

<u>基本</u>

タックスカート

（布違い）

スカートは、手始めにタック1本入りを作ってみましょう。シンプルな筒状なのに、タック一つでシルエットもはき心地も抜群によくなるんです。タックって、すごい！

B-2

バリエーション

6タックスカート

（ミモレ丈）

タックを6か所に増やしました。タックは下に向かって斜めに縫い、裾が広がりやすくしています。これはp.61のスカート丈より、やや長めのミモレ丈。柔らかさと張り感が程よい布で、きれいなシルエットに。

B-3

バリエーション
14 タックスカート

（無地タイプ）

6タックスカートよりタックを浅め
に縫うことで、シルエットを変えて
います。リネン地で作ったこの一枚
は、シワ感のある風合いがいい味を
出してくれました。少しウエスト位
置を下げた着こなしで。

C パンツの作り方

自分の体型に合うパンツの作り方を
日々追い求めて幾年月。
試行錯誤しながら、
ここにまた一つの答えを見つけました。
おなかや腰回り、ヒップに
ほどよいゆとりがあって、
シルエットはすっきり。
そんな一本をあなたサイズで作ったら、
デザインのバリエーションも
ぜひ楽しんでください!

Cの基本アイテム

C-1

ワイドパンツ

how to make → page 74

下半身をすっぽり隠してくれる
ワイドパンツが私は大好き。
ゴムウエストのプレーンな形に、
ヒップポケットがアクセント。
ツイルで作ってカジュアルに。
布を替えるだけでもかなり印象が変化します。

パターン作り

1. 前パンツをかく

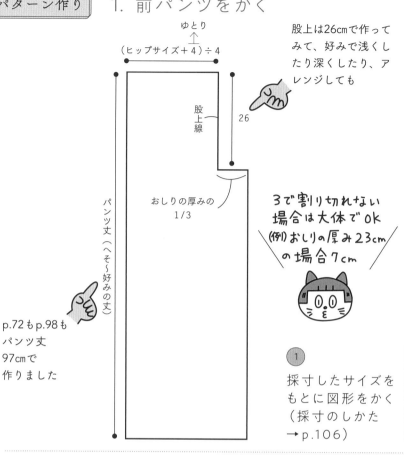

ゆとり
（ヒップサイズ＋4）÷4

股上線

26

おしりの厚みの
1/3

パンツ丈（へそ～好みの丈）

p.72もp.98も
パンツ丈
97cmで
作りました

股上は26cmで作って
みて、好みで浅くし
たり深くしたり、ア
レンジしても

3で割り切れない
場合は大体でOK
（例）おしりの厚み23cm
の場合7cm

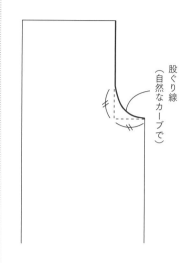

股ぐり線
（自然なカーブで）

① 採寸したサイズを
もとに図形をかく
（採寸のしかた
→p.106）

② 自然なカーブで
股ぐり線をかく

---

2. 後ろパンツを
かく

3で割り切れない
場合は大体でOK
（例）おしりの厚み23cm
の場合16cm

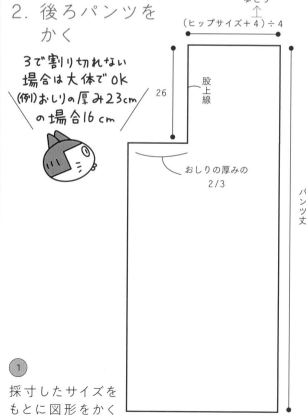

ゆとり
（ヒップサイズ＋4）÷4

26

股上線

おしりの厚みの
2/3

パンツ丈

① 採寸したサイズを
もとに図形をかく

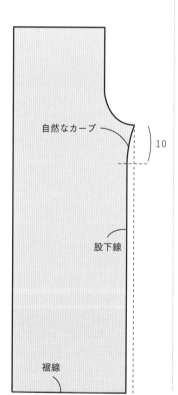

自然なカーブ

10

股下線

裾線

2

③ 裾線を
2cmけずり
股下線をかく

<u>前パンツ完成</u>

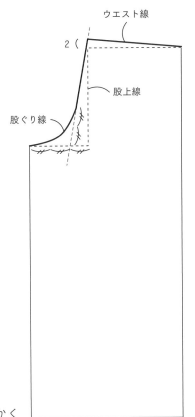

ウエスト線

2(

股上線

股ぐり線

② 股上線を
2cmのばし、
股ぐり線と
ウエスト線をかく

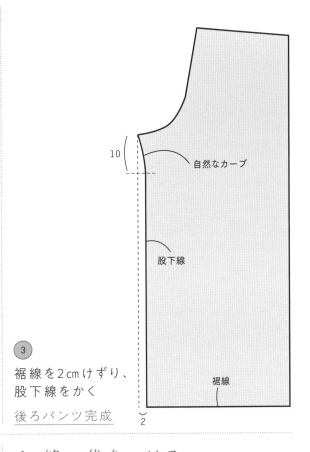

10

自然なカーブ

股下線

裾線

③ 裾線を2cmけずり、
股下線をかく

後ろパンツ完成

~2

3. ポケットと
ウエストベルトを
かく

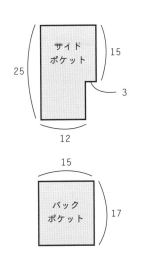

サイド
ポケット

25

15

3

12

15

バック
ポケット

17

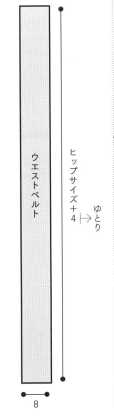

ウエストベルト

ヒップサイズ+4

ゆとり

8

4. 縫い代をつける

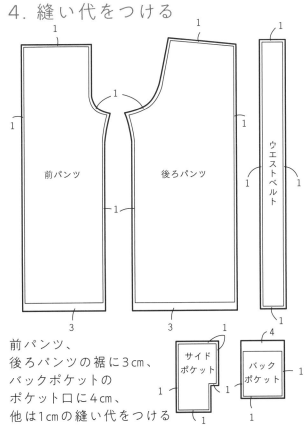

1

1

1

1

1

1

前パンツ

後ろパンツ

1

1

1

1

3

3

ウエストベルト

1

1

1

1

サイド
ポケット

1

1

1

4

バック
ポケット

1

1

1

前パンツ、
後ろパンツの裾に3cm、
バックポケットの
ポケット口に4cm、
他は1cmの縫い代をつける

裁合せ図

布

110cm幅

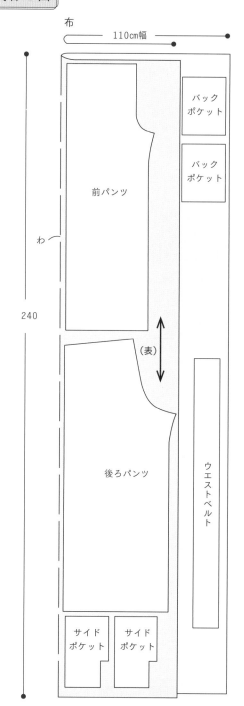

バックポケット

バックポケット

前パンツ

わ

（表）

後ろパンツ

ウエストベルト

サイドポケット

サイドポケット

240

図はヒップサイズ96cm、パンツ丈97cm、
おしりの厚み23cmで作った場合の参考例

パーツ	付属品
前パンツ×2	平ゴム（3cm幅）：
後ろパンツ×2	ウエストサイズ
ウエストベルト×1	−5〜10cm×1本
バックポケット×2	
サイドポケット×4	

縫い方　1. 後ろパンツに バックポケットをつける

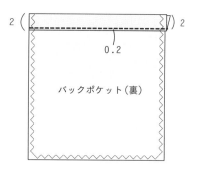

2)　(2

0.2

バックポケット（裏）

① ポケット口を2cm＋2cmの三つ折りにして
縫い、周囲の端を始末する

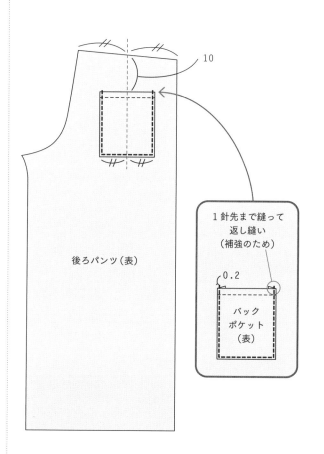

10

1針先まで縫って
返し縫い
（補強のため）

0.2

バックポケット（表）

後ろパンツ（表）

② バックポケットの周囲を1cm折り、
後ろパンツに縫いつける。
もう片方の後ろパンツも同様に

2. 前パンツ、後ろパンツに、サイドポケットをつける

縫い代はポケット側へ
→

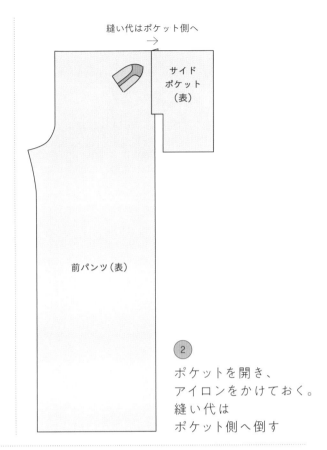

① 前パンツと
サイドポケットを
中表にして
縫い代1cmで縫い、
縫い代を始末する

② ポケットを開き、
アイロンをかけておく。
縫い代は
ポケット側へ倒す

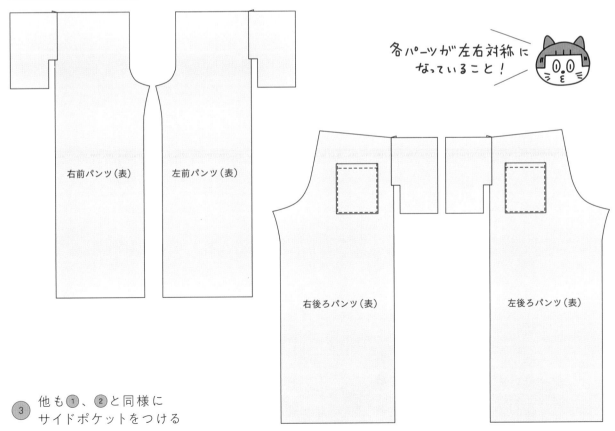

各パーツが左右対称になっていること！

③ 他も **①**、**②**と同様に
サイドポケットをつける

3. 前パンツと後ろパンツを縫い合わせる

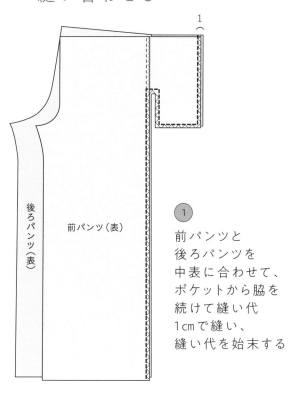

① 前パンツと後ろパンツを中表に合わせて、ポケットから脇を続けて縫い代1cmで縫い、縫い代を始末する

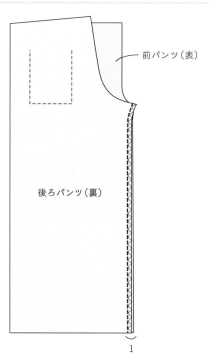

③ 前パンツと後ろパンツを中表に合わせて股下を縫い代1cmで縫い、縫い代を始末する。縫い代は後ろパンツ側へ倒す。もう片方のパンツも①〜③と同様に

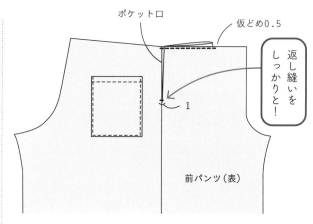

ポケット口

仮どめ0.5

前パンツ（表）

返し縫いをしっかりと！

② 縫い代とポケットを前パンツ側へ倒し、表側からポケット口の下を1cm縫う（補強のため）。ポケットを前パンツに仮どめしておく

4. 左右のパンツを合体する

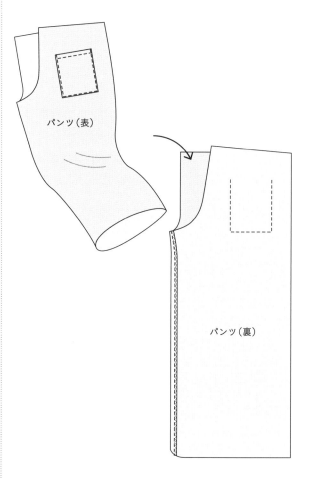

パンツ（表）

パンツ（裏）

① 片方のパンツを表に返し、もう片方のパンツに入れて中表にする

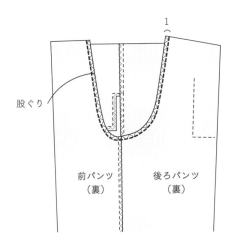

② 股ぐりを縫い代1cmで縫い、
縫い代を始末する

③ 股ぐりの縫い代を片側へ倒して
アイロンをかけ、折り目から0.2cmの
ところを縫う（補強のため）

0.2

股ぐりを
後ろまで
ぐるっと縫う

5. ウエストベルトをつけ、
平ゴムを通す

山折り

ウエストベルト（表）

ウエストベルト（表）

ウエストベルト（裏）

① ウエストベルトの半分にアイロンで
折り目をつけ、ベルトの1辺の端を
始末する

② ウエストベルトの端を中表に合わせ、
端の始末した側を1cm縫い、
3cmあけて残りを縫う

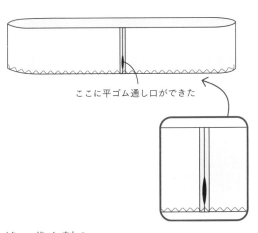

ここに平ゴム通し口ができた

③ 縫い代を割る

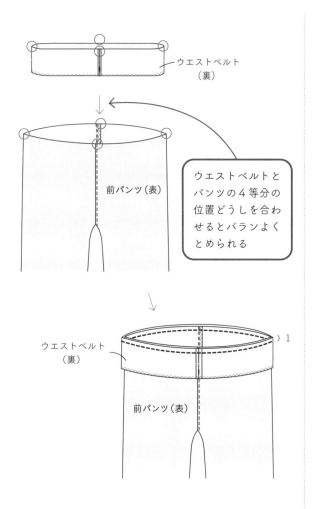

ウエストベルト
（裏）

前パンツ（表）

ウエストベルトと
パンツの4等分の
位置どうしを合わ
せるとバランよく
とめられる

ウエストベルト
（裏）

前パンツ（表）

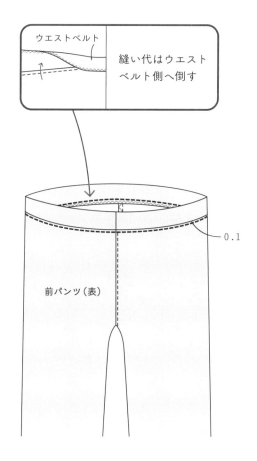

ウエストベルト

縫い代はウエスト
ベルト側へ倒す

前パンツ（表）

0.1

④ ウエストベルトの端の始末を
していない側とパンツの上部を
中表に合わせて縫い代1cmで縫う

⑤ ウエストベルトの折り目を戻し、
表からベルトのすぐ下0.1cmの
ところを縫う

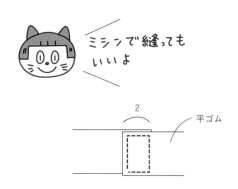

ミシンで縫っても
いいよ

2

平ゴム

⑥ 平ゴム通し口から平ゴムを通し、
端を2cmずつ重ねて手縫いで
縫い合わせる

5. 裾を縫う

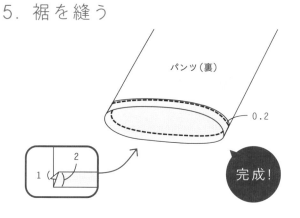

パンツ（裏）

0.2

1   2

完成！

裾を1cm＋2cmの三つ折りにして、
折り目から0.2cmのところを縫う。
反対側の裾も同様に

Cのバリエーション

C-2

カーゴパンツ

（裾ゴムあり）

how to make → page 82

特に難しいテクニックを使わなくても
技あり感のある服は作れます。
ポケットを増やしてみたり
裾にゴムを入れてみたり。
そんなアクティブなカーゴパンツは
薄手で適度な張りのある布を選びました。

パターン作り

〔ひも通し〕

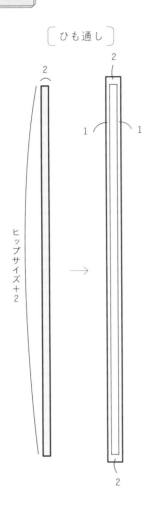

ヒップサイズ＋2

〔フラップポケット（縫い代込み）〕

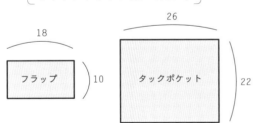

ひも通しの図形をかき、縫い代をつける。
フラップポケットをかく（縫い代込み）。
前パンツ、後ろパンツの裾の
縫い代は、p.81は5cm、p.99は3cm。
それ以外は基本と同じ（→p.74~75）

裁合せ図

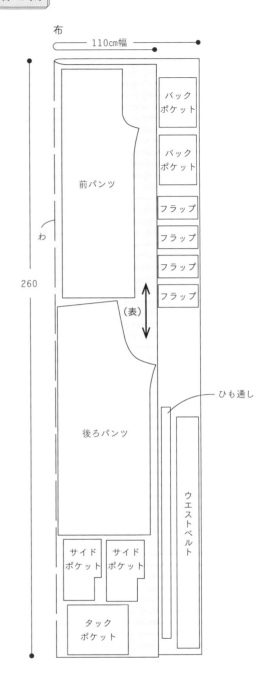

布
110cm幅

バックポケット

バックポケット

前パンツ

フラップ

フラップ

フラップ

フラップ

わ

260

（表）

後ろパンツ

ひも通し

ウエストベルト

サイドポケット

サイドポケット

タックポケット

図はヒップサイズ96cm、パンツ丈97cm、
おしりの厚み23cmで作った場合の参考例

パーツ	付属品
前パンツ×2	平ゴム（3cm幅）:
後ろパンツ×2	ウエストサイズ
ウエストベルト×1	－5～10cm×1本
サイドポケット×4	裾周囲の半分×2本
フラップ×4	（p.99は裾ゴム不要）
タックポケット×2	ひも（綿コード）:
バックポケット×2	ヒップサイズ
ひも通し×1	＋50cm×1本

縫い方 1. タックポケットを作る

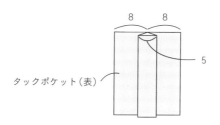

タックポケット(表)

8　8

5

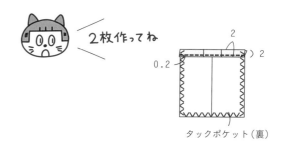

2枚作ってね

0.2

2

2

タックポケット(裏)

① タックをたたむ

② 2cm＋2cmの三つ折りにして
ポケット口を縫い、周囲の端を始末する

2. フラップを作る

1　1

フラップ(裏)

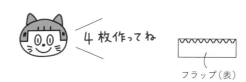

4枚作ってね

フラップ(表)

① フラップを中表に折って
両脇を縫う

② 表に返して
上端を始末する

3. ウエストベルトに
ひも通しを作る

1

1

1

1

0.2

0.2

ひも通し(裏)

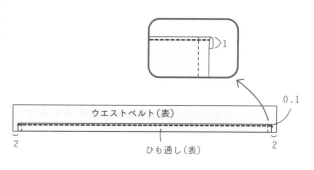

1

0.1

ウエストベルト(表)

2

2

ひも通し(表)

① ひも通しの両端を
1cm＋1cmの三つ折りにして縫う

② ひも通しを1cm折り、
ウエストベルトに縫いつける

ウエストベルト(表)

ひも通し(表)

③ ウエストベルトのひも通しを
つけていない側の端を始末する

4. 後ろパンツに
バックポケットをつける

5. 前パンツ、後ろパンツに
サイドポケットをつける

6. 前パンツと後ろパンツを
縫い合わせる
（基本と同じ→p.76〜78 3-②まで）

Cパンツの作り方　　　83

7. タックポケットとフラップをつける

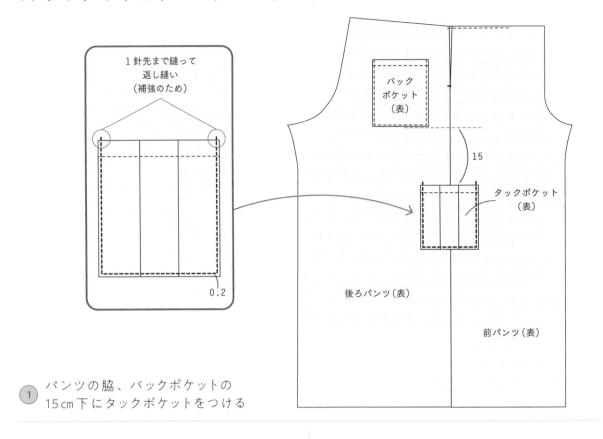

① パンツの脇、バックポケットの
15cm下にタックポケットをつける

図内: 1針先まで縫って
返し縫い
（補強のため）

0.2

バックポケット（表）

15

タックポケット（表）

後ろパンツ（表）

前パンツ（表）

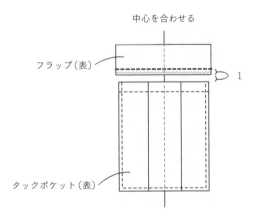

中心を合わせる

フラップ（表）

1

タックポケット（表）

② タックポケットの上1cmのところに
フラップを配置して
縫い代1cmで縫う

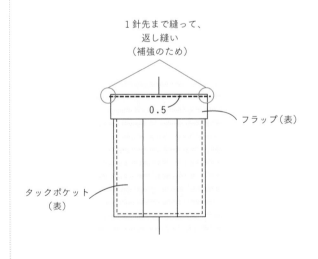

1針先まで縫って、
返し縫い
（補強のため）

0.5

フラップ（表）

タックポケット
（表）

③ フラップを下に倒し、
端から0.5cmを縫う

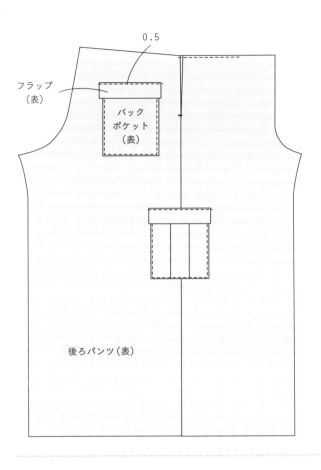

0.5

フラップ
（表）

バックポケット
（表）

後ろパンツ（表）

④ バックポケットにも
同様にフラップをつける

⑤ 前パンツと後ろパンツを中表に
合わせて股下を縫い、
縫い代を始末する。
縫い代は後ろパンツ側へ倒す
（→p.78 3-③）。
もう片方のパンツも①～⑤と同様に

8. 左右のパンツを 合体する

9. ウエストベルトをつけ、 平ゴムを通す

（基本と同じ→p.78～80）

10. 裾を縫う

裾を1cm＋4cmの三つ折りにして縫う。
平ゴム通し口を3cm残す。
平ゴムを通し、通し口をとじる。
反対側の裾も同様に

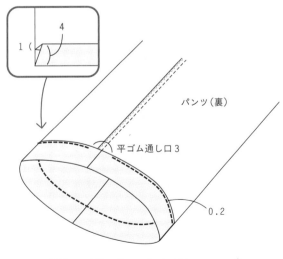

4

1

パンツ（裏）

平ゴム通し口3

0.2

p.99の裾ゴムなしアレンジ
基本と同じ→p.80 5

パンツ
（裏）

裾に通す平ゴムの
長さの目安は
裾周囲の半分

平ゴム

11. ひも通しにひもを通す

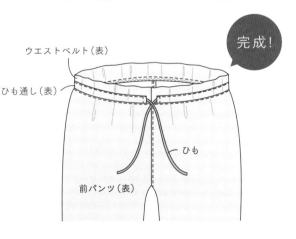

完成！

ウエストベルト（表）

ひも通し（表）

ひも

前パンツ（表）

基本の前パンツに幅を足して、
タックをBのスカートと
同じようにたたんでガウチョに。
動きやすさとフェミニンさを
兼ね備えたデイリーアイテムです。
あなたのワードローブにもぜひ。

C-3

ガウチョ

（無地タイプ）

how to make → page 87

パターン作り

前パンツには
タック分8cmを
プラス

裁合せ図

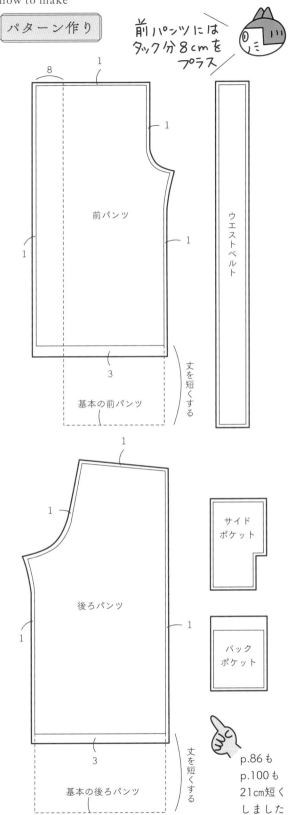

前パンツ

8

1

1

1

1

3

基本の前パンツ

丈を短くする

ウエストベルト

後ろパンツ

1

1

1

1

3

基本の後ろパンツ

丈を短くする

サイド
ポケット

バック
ポケット

p.86も
p.100も
21cm短く
しました

基本をもとに、丈を短くして、
前パンツの幅を8cm足す。ウエストベルト、
ポケットは基本と同じ（→p.75）

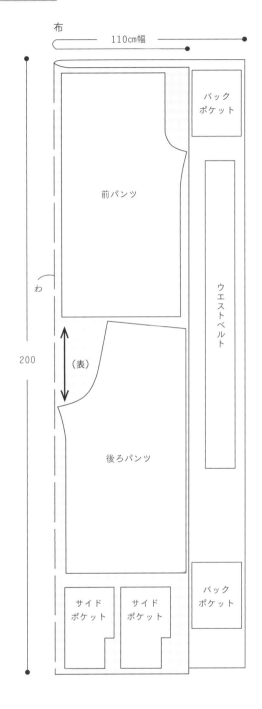

布

110cm幅

わ

200

前パンツ

（表）

後ろパンツ

バック
ポケット

ウエスト
ベルト

サイド
ポケット

サイド
ポケット

バック
ポケット

図はヒップサイズ96cm、パンツ丈76cm、
おしりの厚み23cmで作った場合の参考例

パーツ	付属品
前パンツ×2	平ゴム（3cm幅）:
後ろパンツ×2	ウエストサイズ
ウエストベルト×1	－5～10cm×1本
バックポケット×2	
サイドポケット×4	

1. 前パンツにタックを作る

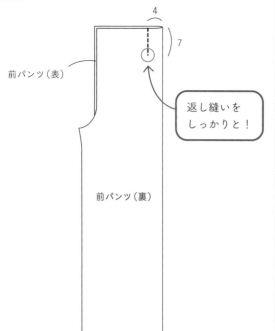

4
7
前パンツ（表）

前パンツ（裏）

返し縫いを
しっかりと！

仮どめ0.5

0.2

前パンツ（表）

① 前パンツの上辺を中表で半分に折り、
折り目から4cmのところを
上から7cm縫う

② 前パンツを開き、タックをたたむ。
表側から①の縫い目の周囲を
ぐるっと縫う（補強のため）。
タックを前パンツに仮どめしておく。
もう片方の前パンツも①、②と同様に

2. 後ろパンツに
バックポケットをつける

3. 前パンツ、後ろパンツに
サイドポケットをつける

4. 前パンツと後ろパンツを
縫い合わせる

5. 左右のパンツを合体する

6. ウエストベルトをつけ、
平ゴムを通す

7. 裾を縫う
（基本と同じ→p.76〜80）

完成！

C-4

コンビネゾン

（ワイドパンツタイプ）

how to make → page 90

コーディネートに迷ったときの
お助けアイテム、コンビネゾン。
夏ならタンクトップ、冬ならタートルネックを
合わせれば万事オッケー。
大きなペイズリー柄のふんわりコットンで作ったら、
華やかな一着ができました。

パターン作り 　1. 身頃をかく

① 採寸したサイズをもとに、
後ろ身頃の図形をかく

バストじゃなく
ヒップサイズだよ!

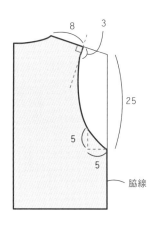

② 肩線8cmのところから3cm直角に
線を引き、脇線の25cmの位置と
自然なカーブでつなげる　後ろ身頃完成

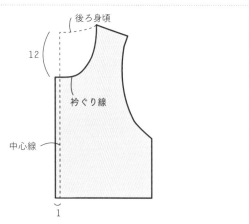

③ 後ろ身頃をもとに前身頃をかく。
衿ぐり線を12cm下げ、中心線に1cm足す
前身頃完成

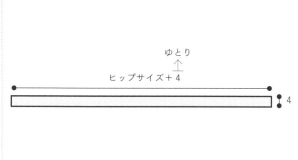

④ ウエストベルトをかく

2. 縫い代をつける

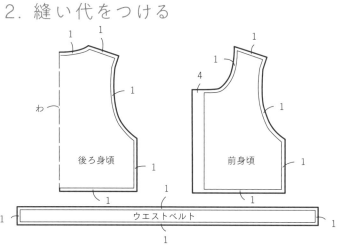

前身頃の前端に4cm、他は1cmの縫い代をつける。
「わ」の部分は縫い代不要

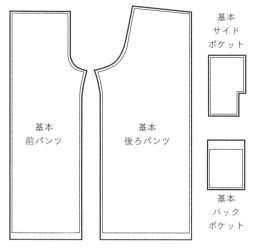

パンツ部分は、p.89は基本（→p.74〜75）、
p.101はC-3（→p.87）と同じ。
ウエストベルトは不要

裁合せ図

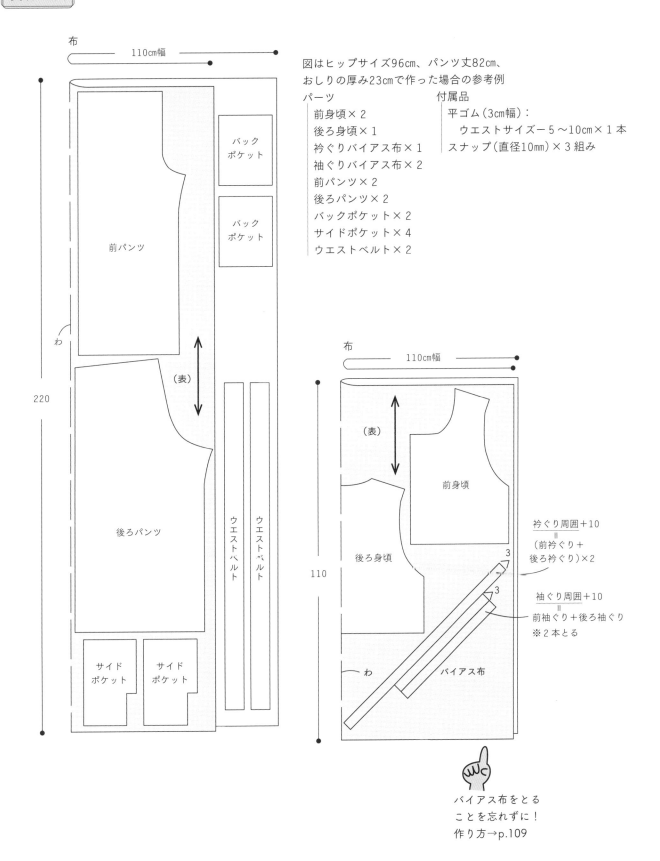

布

110cm幅

図はヒップサイズ96cm、パンツ丈82cm、
おしりの厚み23cmで作った場合の参考例

パーツ
　前身頃×2
　後ろ身頃×1
　衿ぐりバイアス布×1
　袖ぐりバイアス布×2
　前パンツ×2
　後ろパンツ×2
　バックポケット×2
　サイドポケット×4
　ウエストベルト×2

付属品
　平ゴム（3cm幅）：
　　ウエストサイズ－5～10cm×1本
　スナップ（直径10mm）×3組み

バック
ポケット

バック
ポケット

前パンツ

わ

（表）

220

後ろパンツ

ウエストベルト

ウエストベルト

サイド
ポケット

サイド
ポケット

布

110cm幅

（表）

前身頃

110

後ろ身頃

$\dfrac{衿ぐり周囲＋10}{（前衿ぐり＋後ろ衿ぐり）×2}$

3

3

$\dfrac{袖ぐり周囲＋10}{前袖ぐり＋後ろ袖ぐり}$
※2本とる

わ

バイアス布

バイアス布をとる
ことを忘れずに！
作り方→p.109

Ｃ パンツの作り方

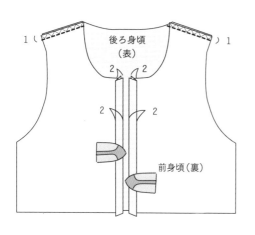

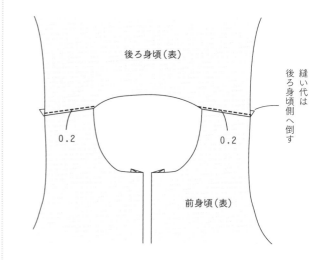

① 前身頃の見返し部分を2cm＋2cmの
三つ折りにして折り目をつけておく

② 前身頃と後ろ身頃を中表に合わせて
肩を縫い、縫い代を始末する

③ 縫い代を後ろ身頃側に倒して
折り目から0.2cmのところを縫う
（補強のため）

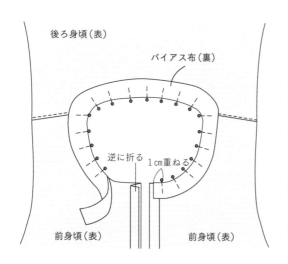

④ 見返しの折り目を逆に折り、
バイアス布を衿ぐりに
まち針でとめていく。
バイアス布の余分はカットする

⑤ 衿ぐりを縫い代1cmで縫い、
縫い代を0.3〜0.5cm残してカットする

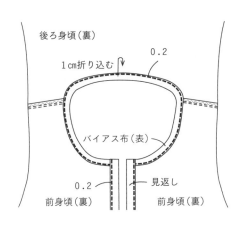

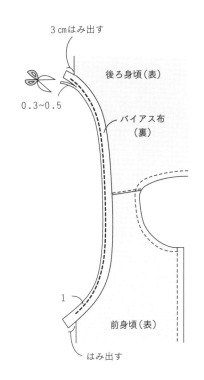

⑥ 見返しとバイアス布を裏側に折り返し、
バイアス布を1㎝折り込んで縫う

⑦ 見返しを縫う

⑧ バイアス布と身頃を
中表に合わせて袖ぐりを縫い、
縫い代を0.3〜0.5㎝残してカットする

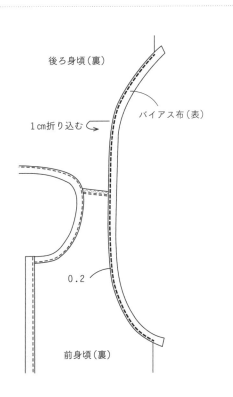

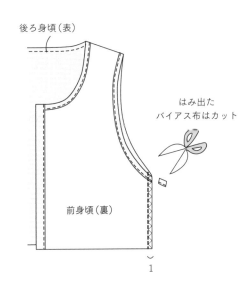

⑨ バイアス布を裏側に折り返し、
1㎝折り込んで縫う

⑩ 身頃を中表に合わせて脇を縫い、
はみ出たバイアス布をカットして
縫い代を始末する。
縫い代は後ろ身頃側へ倒す。
反対側も⑧〜⑩と同様に

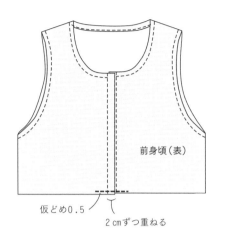

前身頃(表)

仮どめ0.5

2cmずつ重ねる

⑪ 前端を2cmずつ重ねて仮どめしておく

2. パンツを作る
（p.89は基本と同じ→p.76～79、
p.101はC-3と同じ→p.88）

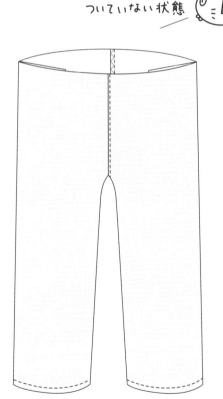

ベルトだけ
ついていない状態

3. ウエストベルトを準備

ウエストベルト布は
2枚あるよ！

ウエストベルト(表)

① 1本のウエストベルトの1辺の端を
始末する

ウエストベルト(裏)

② 中表に折り、端の上下を1cmずつ縫う
（平ゴム通し口ができる）

ウエストベルト(裏)

③ もう1本のウエストベルトは
端を縫うだけでOK

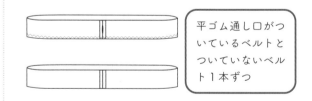

平ゴム通し口がつ
いているベルトと
ついていないベル
ト1本ずつ

④ 2本とも縫い代を割る

4. 身頃とパンツをつなげる

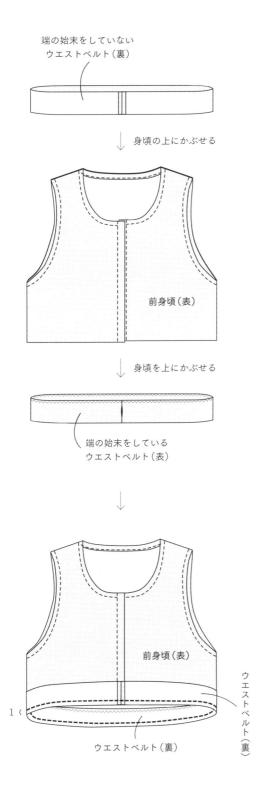

端の始末をしていない
ウエストベルト（裏）

↓ 身頃の上にかぶせる

前身頃（表）

↓ 身頃を上にかぶせる

端の始末をしている
ウエストベルト（表）

↓

前身頃（表）

ウエストベルト（裏）

ウエストベルト（裏）

1（

① 2本のウエストベルトで身頃を
挟んで、縫い代1cmで縫う

② 外側のウエストベルトのみ折り返す
（縫い代はベルト側に倒す）。
内側のウエストベルトはまだそのまま

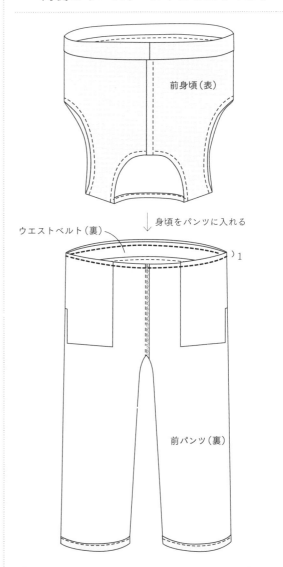

前身頃（表）

↓ 身頃をパンツに入れる

ウエストベルト（裏）

）1

前パンツ（裏）

③ パンツとウエストベルトを中表に合わせて、
縫い代1cmで縫う

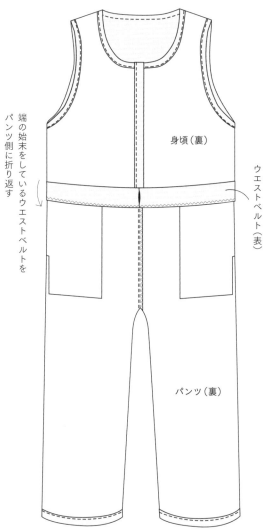

身頃（裏）

ウエストベルト（表）

パンツ（裏）

端の始末をしているウエストベルトをパンツ側に折り返す

身頃（表）

ウエストベルト（表）

パンツ（表）

0.1

④ 身頃をパンツから出し、
内側のウエストベルトを折り返す

⑤ 表からベルト下0.1cmのところを縫う

POINT スナップのつけ方

※上前は表側に針目を出さないように、下前は裏側まで
しっかりと針を出してつける。

凸スナップ
上前につける

凹スナップ
下前につける

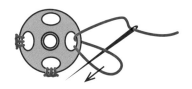

① つけ位置の布を1針すくい、スナップの穴に針を通す。穴の外側から布とスナップをすくい、できた輪の糸を下から針先にかけて針を抜き、糸を引き締めて結び目を作る。これを2～3回繰り返し、隣の穴に針を出す。

② すべての穴を縫いつけたら、スナップの際で玉どめをする。スナップと布の間に針糸を通して玉どめを引き込み、糸を切る。

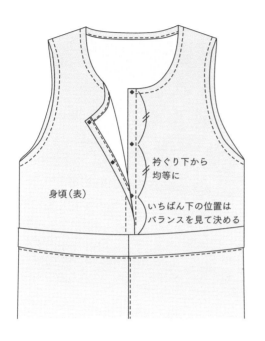

身頃(表)

衿ぐり下から
均等に

いちばん下の位置は
バランスを見て決める

⑥ 前端にスナップをつける

組み合わせ いろいろ

ジャンパースカートも
作れるように
なるといいね

⑦ 平ゴム通し口から平ゴムを通す
（基本と同じ→p.80）

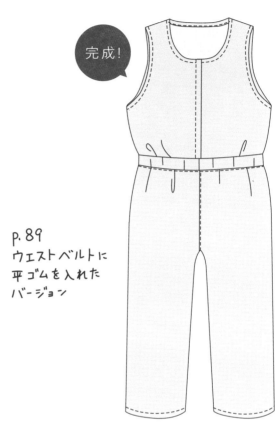

完成!

p.89
ウエストベルトに
平ゴムを入れた
バージョン

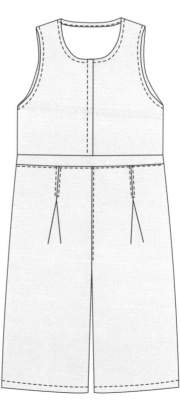

p.101
ウエストベルトに
平ゴムを入れない
バージョン

C-1

基本
ワイドパンツ
（布違い）

基本形は足のつけ根あたりから裾
まで、同じ太さでストンと落ちる
ワイドパンツ。p.72との素材違い
で、光沢のある布で作ったら、大
人っぽく仕上がりました。

C-2

<u>バリエーション</u>

カーゴパンツ

（裾ゴムなし）

基本のパンツにポケットやウエストひもなど、少しディテールを足せば個性が生まれます。p.81の裾ゴムをなしにしただけでも、また違う印象になりました。

C-3

バリエーション

ガウチョ

（柄タイプ）

タウンでもリゾートでも活躍するパンツの一つ。p.69のスカートと色違いの鮮やかな柄布を使用。軽やかなスカート感覚ではけるガウチョなら取り入れやすい。

C-4

<u>バリエーション</u>

コンビネゾン

（ガウチョタイプ）

大人かわいいコンビネゾン。パンツ
はタイプ違いで作れ、p.89はC-1基
本のパンツ丈を短くして活用。これ
はp.86のC-3のガウチョを使い、ウ
エストにゴムを入れずに着ました。

基本の道具とテクニック

いつも使っていて、あると作業がスムーズな道具をプロセス別にまとめました。持っていたら役立つグッズもチェックしてみてください。

製図とパターン作りには

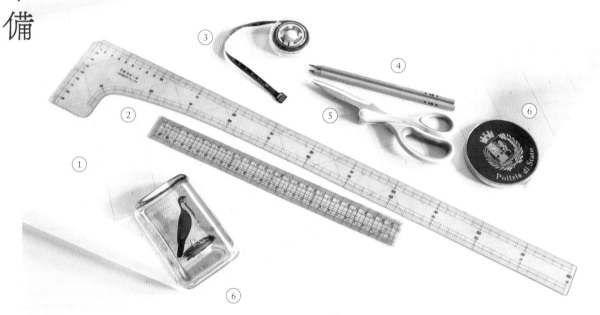

① ハトロン紙

下に重ねた線が透ける、薄い紙。製図するときは方眼入り、パターンをかき写すときは無地が使いやすいので、必要に応じて使い分けます。

② 定規

直角を正確にはかれるものがベスト。私は50cm程度の長いL字のものと30cmの短い方眼入りを使い分けています。タイプ違いがあると便利。

③ メジャー

自分の体のサイズや、製図のカーブの寸法をはかるときに使用。テーラーが首にかけている長いメジャーもかっこいいけど、私は巻取り式を使っています。

④ 鉛筆

私はシャープペンより鉛筆派。しっかりと線が見やすい、B〜4Bくらいを選んでいます。

⑤ はさみ

紙を切るためのはさみ。布を切るはさみとは別に用意します。

⑥ ペーパーウエイト

製図やパターン作りのときに、紙を固定します。洋裁用も売られていますが、私はかわいいデザインのものを愛用しています。

裁断と印つけには

① ペーパーウエイト

布や、上に重ねたパターンを固定するときに使います。かわいいものを見つけると、つい買ってしまいます。

② チョークペン

様々な種類がある中で、私がよく使うのは鉛筆タイプと時間が経つと消えるタイプ。使う布やアイテムに応じて、色もタイプも何種類かそろえておくと便利です。

③ 竹定規

布に印をつけるときは、透明な定規よりも竹製のほうがメモリを見やすいです。これは長さ30cm。

④ 裁ちばさみ

布を切る用の裁ちばさみは切れ味が命。これで紙を切ると切れ味が悪くなるので注意して。

縫製には

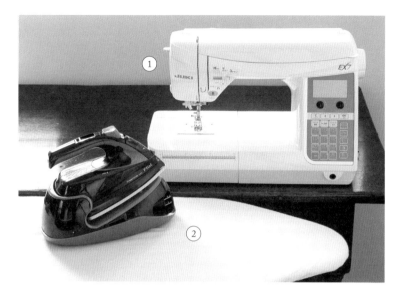

① ミシン

この本の作品はすべて、家庭用ミシンで作りました。比較的スタンダードな直線縫いやジグザグ縫い、ボタンホール縫いなどができる機種です。

② アイロンとアイロン台

きれいに仕上げるコツはアイロンにあり、といっても過言ではないくらいアイロンは重要です。ミシンのそばにアイロン台も一緒にセットして、縫ってはアイロン、アイロンをかけては縫う、を繰り返すことできれいな作品ができ上がります。

③ ミシン糸とミシン針

ミシン糸とミシン針は、布の厚さに合わせて替えます。針も糸も薄い布には薄地用、厚い布には厚地用を使いますが、この本の作品は、すべて普通地用の11番針と60番糸で縫いました。

④ まち針と針山

縫い合わせるために重ねた布がずれないように、まち針で細かくとめておくと縫いやすいです。針山はまち針がすぐ抜き刺しできるように、手首につけるタイプを使っています。

⑤ 糸切りばさみ、
小さめのはさみ

糸切りばさみは手もとに置いて。小さめのはさみはバイアス布の縫い代を切るような、細かい部分の作業に使います。

あると便利な道具

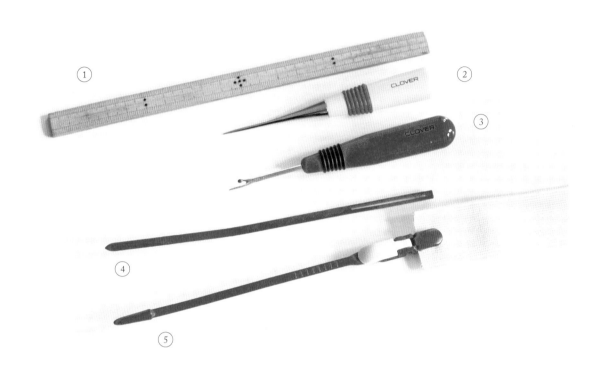

(1) **20cmの定規**

用途によって使い分けている定規。この竹定規は
ノイロンかけや縫いながら縫い代の長さをはかる
ときに重宝しています。

(2) **目打ち**

細かい箇所を縫うときに、ミシンに布をそわせた
り送り込んだり。縫い合わせて表に返した角を押
し出して整えるときにも活躍します。この本では、
ジャケットのワンタッチプラスナップつけ位置の
穴あけにも使用しました。

(3) **リッパー**

縫い間違えたときの糸切りに使います。

(4) **ひも通し**

棒に柔軟性があるものが通しやすいです。

(5) **ゴム通し**

ゴムの端をしっかりと挟んで、通している途中で
外れないタイプを選びましょう。私は棒がしなや
かなタイプを愛用。

採寸のしかた

自分サイズのパターンを作るためには、採寸が必要。
下着をつけた状態ではかり、はかりにくいところは
身近な人に手伝ってもらいましょう。

前	後ろ	横

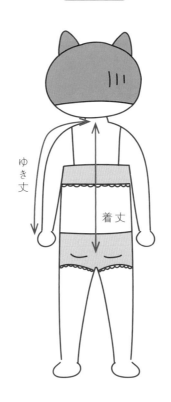

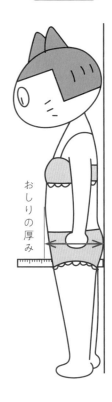

頭回り
眉間と後頭部のいちばん高い位置を通って水平に、ぐるっと1周はかる

バスト
胸のいちばん高い位置から水平に、ぐるっと1周はかる

ウエスト
おなかのいちばん細いところを水平に、ぐるっと1周はかる

ヒップ
おしりのいちばん高い位置を水平に、おなかの出っ張りも含めてぐるっと1周はかる

スカート丈、パンツ丈
おへそから下、好みの丈

着丈
首のつけ根の骨から、好みの丈。トップスの目安は、おしりの真ん中あたりまで

ゆき丈
首のつけ根の骨から肩先を通って、手首ではかる

おしりの厚み
壁におしりを軽く当てて、おなかの出っ張りも含めて定規ではかる

自分のサイズ表

頭回り	cm	パンツ丈	cm
バスト	cm	着丈	cm
ウエスト	cm	ゆき丈	cm
ヒップ	cm	おしりの厚み	cm
スカート丈	cm		

※参考までに、私は身長166cm、バスト85cm、ウエスト70cm、ヒップ96cm、着丈60cm、おしりの厚み23cm

パターン作りと布の向き

自分の体のサイズをもとにパターンを作ります。
難しく考える必要はありません。
いくつかのポイントを押さえたら、工作感覚で線をかきましょう！

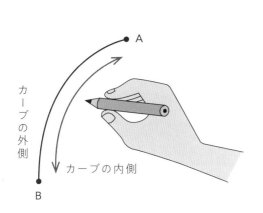

［ カーブのかき方のコツ ］

自分が曲線の内側にいるとかきやすいです。
手首やひじを軸にして、指定の点（A）と点
（B）をつないで、弧をえがくように線を引
きます。

［ 縫い代のつけ方 ］

製図の出来上り線と平行に縫い代をかきます。
カーブのところは定規を直角に当てて、少し
ずつかいていきます。定規は方眼が入ったタ
イプが便利です。

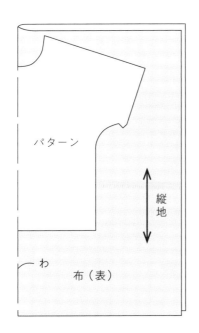

［ 「わ」とは ］

布の折り目を指す。左右対称のパーツを裁断
するとき、二つ折りにした布の中心部分のこ
と。パターンの縦に対して縦地方向に裁つこと
が多いですが、柄布の場合は見せたい柄の向き
などによって横地方向に裁つ場合もあります。

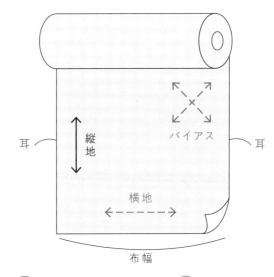

［ 布の向きと名前 ］

縦地
織物のたて糸の方向
横地
織物のよこ糸の方向

バイアス
縦地に対して斜め45度の
方向で、布の伸びがいい
耳
布の両端で、縦地と平行
布幅
耳から耳までの横地の幅

布と材料のこと

布地店や手芸材料屋さんに行くとたくさんの布や材料が並んでいて、どれを買っていいのか悩みますよね。
ここではこの本で使用した材料を紹介します。
布の選び方や下準備の方法も参考にしてみてください。

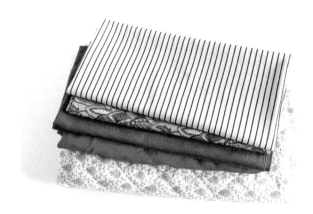

布選びのポイント

作品に使った布は肌触りが好きな綿を中心に、一部麻素材を選びました。膨大な種類がある布の選び方に迷ったら、手持ちの服を参考に。いろいろ触ってお気に入りと素材感が近いものや、手持ちの服と合わせることを考えると選びやすいと思います。
柄布は、モチーフが小さめのものがおすすめ。大ぶりだと縫い合わせた場所の柄の部分を合わせる必要が出て、ずれてしまうと残念！な出来上りに。

水通し

綿や麻のように縮みやすい布は、一度水に通して先に縮ませてから作ると、洗濯後にツンツルテンになってしまった！という悲劇を防げます。とはいえ、水通しはめんどくさいですよね。時には、洗濯機のすすぎと軽い脱水で済ませることもあります。

ただし、数枚まとめて洗濯機に入れる前に、一枚一枚の色落ちの確認は必須です！　洗濯機のふたを開けたら、すべてピンク色に染まって出てきたということが一度……いや、二、三度ありました。ご注意ください。

① 布を水にしっかり浸す

② 水を捨てて、上から押して脱水する

③ 陰干しする

引っ張る

整う

④ ゆがんでいたら、斜めに引っ張って整える

⑤ 生乾きの状態で、アイロンをかける

作品に使った材料と付属品

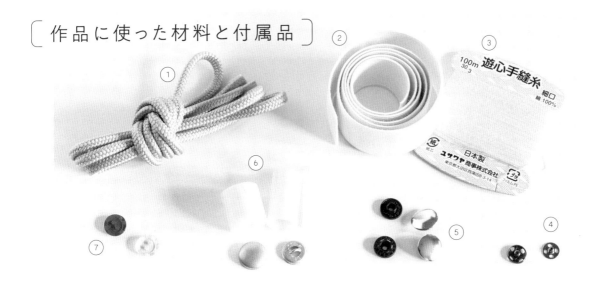

① ひも：綿コードで、カーゴパンツのウエストベルトに通したもの

② 平ゴム：平たく幅があるゴムテープ。スカートやパンツに使用

③ 綿手縫い糸：平ゴムを所定の場所に通し、両端を重ねて縫いとめるときの糸

④ スナップ：縫いつけタイプの金属製。コンビネゾンの前あきに使用

⑤ ワンタッチプラスナップ：一組みの間に布を挟み、道具を使わず手でパチッとはめるだけでつけられる。リバーシブルジャケットに使用

⑥ くるみボタンキット：上ボタン、下ボタン、外筒、中筒、打棒がセットになり、服と同じ布でボタンが作れる。スラッシュあき袖つきブラウスのボタンに使用

⑦ ボタン：衿つき前あきブラウスに使ったもの。布やアイテムに合わせて、色や形を選ぶ

バイアス布の作り方

バイアス布とは、布に対して斜め45度のラインで切った細いテープ状の布のこと。この本ではトップスの衿ぐりの始末に使用。市販のテープもありますが、私は表布となじむ共布で作っています。

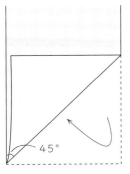

① 布を三角形に折る

45°

② 布を開いて、ついている斜めの折り目線と平行に、必要な寸法（この本では3cm）の線をかく。かいた線をカットする

短いバイアス布のつなげ方

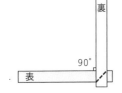

① バイアス布を中表に合わせてクロスさせ、斜めに縫う

裏
表
90°

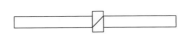

② 縫い代を割り、アイロンで押さえる

③ 縫い代をのはみ出た部分をカットし、約0.5cmにカットする

基本のテクニック

縫い始める前に確認しておきたいことをまとめました。
そんなに難しいテクニックは必要がないと、お分かりいただけると思います。
中には家庭科の授業で習ったこともあるのでは？

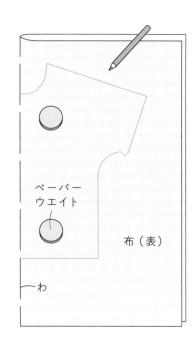

ペーパー
ウエイト

布（表）

わ

裁断のコツ

● 裁断線をかき写す

● 布は動かさず、自分が動く

パターンの外回りの線を布に写してから裁断
すると、細かい部分も切りやすいです。また、
ペーパーウエイトを乗せたり、自分が移動しな
がら裁って、布がずれないようにしましょう。

接着芯のはり方

接着芯は布の補強のためにはります。布の厚
さに合わせて選びますが、裏にのりがついて
いてアイロンではれる不織布タイプが便利。
この本ではブラウスのあき部分の見返しや衿
にはっています。
パターンより大きめに切った布の裏面と、接
着芯の裏面（のり面）を合わせます。そして
アイロンで押さえますが、アイロンは滑らせ
るとしわになるので、上から圧をかけて押し
当てるイメージでしっかりとはります。冷め
たら、パターンどおりに裁断します。

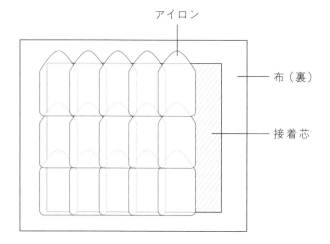

アイロン

布（裏）

接着芯

縫うときの目印

ミシンの針板についているガイドラインを使
って縫います。布端を縫い代幅と同じ数字
（その間の線は0.5cm）に合わせて縫えば、布
に出来上り線をかく手間が省けます。

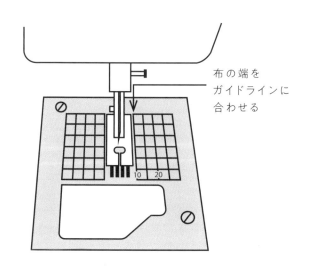

布の端を
ガイドラインに
合わせる

10 20

基本の縫い方

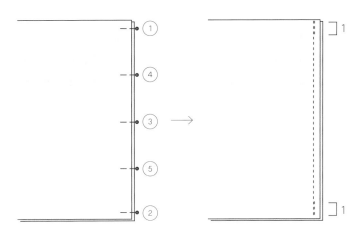

布を重ねて縫うときは、中表に合わせる場合が多い。中表とは、布の表どうしを重ね合わせること。こうすれば、縫い代が表から見えないように仕上がる

重ねた布をまち針でとめて固定する。まち針をとめる順番は両端①、②→真ん中③→その間④、⑤を埋めていくとバランスがよく、布がずれにくい

縫始めと縫終りは縫い糸のほつれ止めのため、1cmほど返し縫いをする。返し縫いは、同じミシン目の上を2〜3回重ねて縫うこと

布端の始末

布（表）

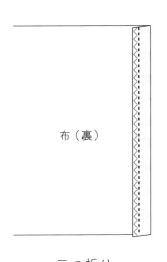

布（裏）

布（裏）

布端の織り糸がほつれるのを防ぐために行なう。家庭用ミシンなら、ジグザグ縫いか裁ち目かがり機能を使う。ロックミシンがあれば、さらにきれいに始末ができる

二つ折り
出来上り線から二つに折って縫う方法。布端は始末しておく

三つ折り
布端を内側に1回折り込んで縫う方法

ここまでおさえておけばもう服が作れちゃう！

Staff

ブックデザイン	大橋千恵、吉村 亮（Yoshi-des.）
撮影	滝沢育絵
撮影（Contents、作品静物）	安田如水（文化出版局）
スタイリング、モデル、イラスト、作り方解説	津田蘭子
DTPオペレーション	文化フォトタイプ
校閲	向井雅子
編集	髙井法子 大沢洋子（文化出版局）

布地提供

ツクリエ
Tel.0120-898-914
https://tsucrea.co.jp/
〈ソレイアード〉
p.14、49／ブラウス
p.51／ワンピース
カバー、p.40、52／リバーシブルジャケット（小紋柄）
p.65、69／スカート
p.100／パンツ
p.89／コンビネゾン
〈キッピス〉
p.50／ブラウス

服地屋 Dilla 八王子店
Tel.042-683-3775
東京都八王子市絹ヶ丘1-50-12-1F
instagram：@hukuziya_dilla
p.22、28、48／ブラウス
p.34／ワンピース
p.40／リバーシブルジャケット（無地）
p.54、61、68、70／スカート
カバー、p.72、81、86、98、99／パンツ
p.101／コンビネゾン

※本書で使用した布地は2023年に販売されていたものです。
　売切れの場合もありますこと、ご了承ください。

ソーイングは
なんて楽しい！
やさしい
自分サイズの
服作りガイド

2024年5月25日　第1刷発行

著者	津田蘭子
発行者	清木孝悦
発行所	学校法人文化学園 文化出版局 〒151-8524 東京都渋谷区代々木3-22-1 電話　03-3299-2489（編集） 　　　03-3299-2540（営業）
印刷・製本所	株式会社文化カラー印刷

©Ranko Tsuda 2024　Printed in Japan
本書の写真、カットおよび内容の無断転載を禁じます。

・本書のコピー、スキャン、デジタル化等の無断複製は著作権法上での例外を除き、禁じられています。本書を代行業者等の第三者に依頼してスキャンやデジタル化することは、たとえ個人や家庭内の利用でも著作権法違反になります。
・本書で紹介した作品の全部または一部を商品化、複製頒布、及びコンクールなどの応募作品として出品することは禁じられています。
・撮影状況や印刷により、作品の色は実物と多少異なることがあります。ご了承ください。

文化出版局のホームページ　https://books.bunka.ac.jp/